日本語教師のための
入門言語学
－演習と解説－

原沢伊都夫 著

スリーエーネットワーク

©2016 by HARASAWA Itsuo

All rights reserved. No part of this publication may be reproduced, stored in a retrieval system, or transmitted in any form or by any means, electronic, mechanical, photocopying, recording, or otherwise, without the prior written permission of the Publisher.

Published by 3A Corporation.
Trusty Kojimachi Bldg., 2F, 4, Kojimachi 3-Chome, Chiyoda-ku, Tokyo 102-0083, Japan

ISBN978-4-88319-739-2 C0081

First published 2016
Printed in Japan

はじめに

　日本語教師にとって「言語学」を学ぶ意義は日本語を世界の中の一言語として分析できる目を養うことにあります。世界中の人々に日本語を教える現場では日本語を普遍的な視点で説明する必要があります。そのときに「言語学」の知識が大いに役立つのです。

　私が初めて「言語学」を学んだのは1980年代初頭になります。統語論ではチョムスキーの生成文法が一世を風靡していました。意味の分野では、オースティンやグライスの語用論が注目を浴び、第二言語習得論ではクラッシェンのモニター理論が話題を集めていた頃です。

　その後、生成文法の勢いは衰え、反比例するかのように認知言語学が登場しました。現在もっとも勢いのある言語理論であると言っていいでしょう。語用論は意味分野の一翼を担う理論として確立しましたが、モニター理論は賛否両論の議論が続いています。時代によって、言語理論は変化し、淘汰されながら、進化していきます。

　本書では、近代言語学の礎を築いたソシュール以降の構造主義言語学から生成文法を経て、認知言語学に至る言語理論の変遷を追いかけます。言語理論が変化し、新しい考えが現れる背景を視野に入れながら、基礎的な理論を学んでいきます。

　私が「言語学」を一般の社会人にも講義するようになったのは17年前のことです。大学とは異なり、難解な講義には受講者から容赦ない苦情が寄せられます。どうしたら、「言語学」の理論をわかりやすく一般の人にも理解してもらえるのか、試行錯誤の繰り返しでした。社会人への教育を通して、理解しやすく教えるとはどういうことか学んだ17年間でもありました。

　そこから私なりに見つけた結論があります。それは、当たり前ですが、学習者の視点に立つということです。これが簡単そうでなかなか難しい

のです。多くの教師は言語に関する様々な知識や経験があります。それが邪魔をして、学習者の理解する力を正しく判断することができません。自分がわかるのだから、学習者もわかるだろうと判断してしまうのです。そのために必要なのが学習者との相互交流です。講師が一方的に説明する一般講義とは異なり、双方向の授業では、学習者の反応が手に取るようにわかります。学習者にとって、何が簡単で何が難しいか容易に判断することができるのです。

　本書はこれまでの教育経験の蓄積によって生まれた入門書です。「言語学」は日本語教師養成講座の中でもっとも難しい講座の一つに数えられます。それは、難解な言語理論が次から次へと登場するからです。しかし、「言語学」ほど興味深い学問はありません。なぜなら、私たちが毎日話している"言葉"の研究であるからです。理論だけの勉強は退屈で、苦痛です。しかし、「言語学」の理論が私たちの生活とどのような関係にあるか伝えることができれば、ソシュールの理論もたちまち興味深い話題の対象となるでしょう。

　本書を読む多くの人に言語と皆さんの生活とのかかわりを感じ、「言語学」を楽しんでほしいと思います。もし皆さんが本書を読んで、興味深く感じ、言語についてさらなる関心をもってくださるようになったとしたら、本書の目的は達成されたと言えます。言語を知る第一歩として、本書が皆さんに有意義に活用されることを期待します。

　今回の出版でも多くの方のお世話になりました。スリーエーネットワークの佐野智子さんと相澤洋一郎さん、イラストレーターの酒井悠希さんと内山洋見さん、さらに日本語教師養成講座の受講生の皆さん、多くの方のご協力があって本書は完成することができました。改めて、これらの方々に感謝の意を表します。

本書の利用について

　本書は言語学を学ぶ人を対象に、基礎理論をわかりやすくかみ砕いて解説したテキストです。本書の構成は第1章から第7章までであり、積み上げ式に学んでいくと効果的です。特に第1章の「言語学のはじまり」から第2章「音声学」、第3章「音韻論」、第4章「形態論」までは、その前の章の知識が次の章を理解するために必要になります。できるだけ順番に学んでいくことをお勧めします。

　各章の冒頭にはその章のキーワードとともに簡単な内容紹介があり、これから学ぶ内容をあらかじめ知ることができます。各章では項目ごとに「やってみよう」という設問があり、理論の理解度を確認していきます。そして、章の終わりにある「まとめ」で学んだ内容を確認し、最後の「総合問題」で応用の知識を養います。また、各章には内容に関連する「コラム」と興味をそそる「雑学のうんちく話」が挿入されています。

1．各章の冒頭

　各章のキーワード（用語は□、人名は■）が提示され、これからどのようなことを学ぶのか概観することができます。後で復習するときに、キーワードごとにチェックすると便利でしょう。

　キーワードの下にはその章の内容の簡単な説明があり、言語学のどの部分を学ぶのか、具体的に感じられるようにしています。

2．各章の内容

　概論から始まり、音声、音韻、形態、統語、意味、認知の順で、言語学に必要とされる基礎知識をカバーします。内容はソシュール以降の構造主義言語学から最新の認知言語学までを扱います。これらの理論を身近に感じてもらうために、基本的に日本語の事例で説明していきます。

また、図や表を多用し視覚的に理解が進むように工夫しています。

3．やってみよう

内容のまとまりごとに「やってみよう」という設問が置かれ、学んだことがしっかりと理解できたかチェックします。質問は選択式が中心で、設問を解くことでさらに理解が深まるように配慮されています。

4．コラム

各章にはコラムがあり、本論の内容と関係する情報を取り上げて説明しています。本論では扱わなかったけれど知っておいたほうがいいと思われる情報を選んでいます。

5．雑学のうんちく話

知的な好奇心を刺激するために、内容に関連した興味深い話を紹介しています。友達に話してみたくなるような雑学的なものを選んでいます。気分転換に読んでいただければと思います。

6．まとめ

各章の内容を項目別に並べ、その章で学んだ内容をもう一度整理、確認することができます。

7．総合問題

各章の総仕上げとして「総合問題」を設けました。その章で学習していない問いもありますが、文章と選択肢を手がかりに解答してください。新たな問題に取り組むことによって知識を増やして頂きたいと考えています。設問は日本語教育能力検定試験の問題を意識しています。

8．解答と解説

　本書の特徴として、「解答と解説」が充実していることが挙げられます。通常の入門書に見られるような「解答のみ」ではなく、なぜその解答が適当なのか解説しています。また、正解ではない選択肢の説明も入れ、「解答と解説」を読むことで、さらに知識が深まるように配慮しています。

9．索引

　言語学の用語の多くは英語の翻訳から来ていますが、本文では初心者の理解度を優先して、必要最低限の英語の記述にとどめました。その代わりに、索引では日本語に対応する英語を併記しましたので、英語の用語を知りたい人は索引で確認してください。

10．使用方法

　本書を独学で学ぶ人はテキストを読みながら問題を解いて、「解答と解説」で確認をして進めてください。一人でも理解できるように配慮してあります。

　本書を教科書として使用する場合は、グループワークで授業を行うことを強くお勧めします。内容ごとに「やってみよう」がありますので、各自で解いた後、グループで意見交換をします。そこで、解答が違う場合は話し合って正しい解答を考えます。また、各章最後の「総合問題」も同様に、グループで話し合うと、双方向的な授業形式となり、言語学の講義にありがちな、硬くてつまらない授業形式を回避することができるでしょう。

　時間配分は各章3時間程度を想定しています。大学の授業では2コマで1章、14コマで7章のすべてが終わる分量です。

目次

第1章　言語学のはじまり

キーワード……………………………………………………………………………2
1．言語学の歴史………………………………………………………………………3
1．1　言語研究のはじまり…………………………………………………………3
1．2　言語学の誕生…………………………………………………………………4
1．3　構造主義言語学の発展………………………………………………………5
1．4　客観的研究から認知的研究へ………………………………………………6
コラム1「ソシュールと構造主義言語学」…………………………………………7
やってみよう1………………………………………………………………………8
2．言語学の基礎知識…………………………………………………………………9
2．1　言語の特徴……………………………………………………………………9
　　　1）線条性……………………………………………………………………9
　　　2）記号性……………………………………………………………………10
　　　　　(1)シニフィアン（能記）とシニフィエ（所記）…………………10
　　　　　(2)言語記号の恣意性………………………………………………12
　　　3）言語の二面性（ラングとパロール）…………………………………13
　　　4）言語の生産性……………………………………………………………15
　　　　　(1)言語の二重分節性………………………………………………16
　　　　　(2)統合関係と連合関係……………………………………………18
やってみよう2………………………………………………………………………20
雑学のうんちく話①「日本語はどこから来たのか？」……………………………21
2．2　言語の機能……………………………………………………………………22
　　　1）言語能力…………………………………………………………………22
　　　2）談話能力…………………………………………………………………23

　　　　　3）方略能力 ………………………………………… 24
　　　　　4）社会文化能力 …………………………………… 25
　やってみよう3 ……………………………………………………… 28
　第1章のまとめ「言語学のはじまり」………………………………… 29
　　総合問題1 ……………………………………………………… 30

第2章　音声学

　キーワード………………………………………………………… 34
　1．音声学とは …………………………………………………… 35
　1．1　音声学の種類 …………………………………………… 35
　　　　　(1)調音音声学 ……………………………………… 35
　　　　　(2)音響音声学 ……………………………………… 35
　　　　　(3)聴覚音声学 ……………………………………… 35
　1．2　音声の表記 ……………………………………………… 36
　1．3　発声の仕組み …………………………………………… 36
　コラム2「呼気音・吸気音・吸着音」……………………………… 37
　1．4　声帯の働き ……………………………………………… 38
　1．5　音声の種類 ……………………………………………… 38
　やってみよう4 ……………………………………………………… 39
　2．日本語の音声の特徴 ………………………………………… 40
　2．1　子音 ……………………………………………………… 40
　　　　　1）調音点による分類 ……………………………… 40
　　　　　　(1)両唇音 ……………………………………… 41
　　　　　　(2)歯茎音 ……………………………………… 41
　　　　　　(3)歯茎硬口蓋音 ……………………………… 42
　　　　　　(4)硬口蓋音 …………………………………… 42
　　　　　　(5)軟口蓋音 …………………………………… 42

　　　　　(6)口蓋垂音 ······························· 43
　　　　　(7)声門音 ································· 43
　　　2）調音法による分類 ························· 44
　　　　　(1)破裂音（閉鎖音）······················· 44
　　　　　(2)摩擦音 ································· 45
　　　　　(3)破擦音 ································· 46
　　　　　(4)鼻音 ··································· 47
　　　　　(5)はじき音 ······························· 47
　　　　　(6)接近音 ································· 48
やってみよう5 ·· 49
　2．2　母音 ·· 50
やってみよう6 ·· 51
　2．3　音声の50音図 ····································· 52
やってみよう7 ·· 54
雑学のうんちく話②「言語習得に臨界期はあるのか？」············· 55
　3．超分節素 ·· 56
　3．1　アクセント ······································ 56
　　　1）強勢（ストレス）アクセント ················· 56
　　　2）高低（ピッチ）アクセント ··················· 57
やってみよう8 ·· 59
　　　3）声調（トーン）····························· 60
　3．2　イントネーション ······························· 61
やってみよう9 ·· 62
第2章のまとめ「音声学」··································· 63
　総合問題2 ·· 64

第3章　音韻論

- キーワード……………………………………………………………………68
- １．音韻論とは………………………………………………………………69
- １．１　音素の概念…………………………………………………………69
- １．２　条件異音と相補分布………………………………………………71
- やってみよう10………………………………………………………………73
- １．３　日本語の音素の例…………………………………………………74
- やってみよう11………………………………………………………………76
- １．４　音素の見つけ方……………………………………………………77
- やってみよう12………………………………………………………………78
- 雑学のうんちく話③「いっこく堂の"舌唇音"」……………………………79
- ２．日本語の音素……………………………………………………………80
- ２．１　日本語の音素と異音………………………………………………80
- ２．２　自由異音と自由変異………………………………………………82
- やってみよう13………………………………………………………………85
- ２．３　音素の50音図………………………………………………………86
- やってみよう14………………………………………………………………89
- コラム３「外国人が苦手な音声」……………………………………………90
- ３．母音の無声化……………………………………………………………91
- やってみよう15………………………………………………………………92
- 第３章のまとめ「音韻論」……………………………………………………93
- 総合問題３……………………………………………………………………94

第4章　形態論

- キーワード……………………………………………………………………98
- １．形態素とは………………………………………………………………99
- １．１　語彙的形態素と文法的形態素……………………………………99

やってみよう16 ··· 100
　　１．２　自由形態素と拘束形態素 ·· 101
　　やってみよう17 ··· 102
　　１．３　形態素と異形態 ·· 102
　　やってみよう18 ··· 103
　　２．語構成 ·· 104
　　２．１　タガログ語の接中辞 ··· 105
　　２．２　語構成の分類 ·· 105
　　雑学のうんちく話④「オージーに人気の形容詞"bloody"」······························· 106
　　　　　１）形態素の数による分類 ·· 107
　　やってみよう19 ··· 107
　　　　　２）形態素の変化による分類 ··· 108
　　やってみよう20 ··· 109
　　３．日本語述語の活用 ·· 110
　　３．１　日本語動詞の活用分析 ··· 111
　　３．２　派生接辞 ··· 114
　　やってみよう21 ··· 115
　　コラム４「ブルームフィールド」··· 116
　　３．３　有標理論 ··· 117
　　やってみよう22 ··· 118
　　第４章のまとめ「形態論」·· 120
　　総合問題４ ·· 121

第５章　統語論

　　キーワード ·· 124
　　１．統語論とは ·· 125
　　１．１　直接構成素分析（IC分析）·· 126

やってみよう23	129
1．2　樹形図の特徴	130
1．3　直接構成素分析の限界	131
雑学のうんちく話⑤「史上最強の外国語教授法"ASTP"」	133
2．チョムスキーの言語理論	134
2．1　帰納法と演繹法	134
2．2　日本語の句構造規則	135
やってみよう24	138
2．3　チョムスキーの文法理論	138
1）普遍文法	138
コラム5「ノーム・チョムスキー」	139
2）言語能力と言語運用	140
⑴言語能力	140
⑵言語運用	140
3）深層構造と表層構造	141
4）文が生成されるプロセス	143
5）同義文の分析	143
6）両義文の分析	145
7）チョムスキー理論のその後	146
やってみよう25	147
第5章のまとめ「統語論」	148
総合問題5	149

第6章　意味論

キーワード	152
1．意味論とは	153
1．1　語の意味	153

　　　　1）辞書による意味⋯⋯⋯⋯⋯⋯⋯⋯⋯⋯⋯⋯⋯⋯⋯⋯⋯⋯⋯153
　　　　2）成分分析⋯⋯⋯⋯⋯⋯⋯⋯⋯⋯⋯⋯⋯⋯⋯⋯⋯⋯⋯⋯⋯⋯154
　　　　3）語の意義素⋯⋯⋯⋯⋯⋯⋯⋯⋯⋯⋯⋯⋯⋯⋯⋯⋯⋯⋯⋯156
やってみよう26⋯⋯⋯⋯⋯⋯⋯⋯⋯⋯⋯⋯⋯⋯⋯⋯⋯⋯⋯⋯⋯⋯⋯⋯⋯157
　１．２　語の意味関係⋯⋯⋯⋯⋯⋯⋯⋯⋯⋯⋯⋯⋯⋯⋯⋯⋯⋯⋯⋯158
　　　　1）同義関係⋯⋯⋯⋯⋯⋯⋯⋯⋯⋯⋯⋯⋯⋯⋯⋯⋯⋯⋯⋯⋯⋯158
　　　　2）反義関係⋯⋯⋯⋯⋯⋯⋯⋯⋯⋯⋯⋯⋯⋯⋯⋯⋯⋯⋯⋯⋯⋯159
　　　　　(1)連続的反義関係（反意関係）⋯⋯⋯⋯⋯⋯⋯⋯⋯⋯⋯159
　　　　　(2)両極的反義関係（対極的反義関係）⋯⋯⋯⋯⋯⋯⋯160
　　　　　(3)視点的反義関係（逆意関係）⋯⋯⋯⋯⋯⋯⋯⋯⋯⋯160
　　　　　(4)相補的反義関係（排反関係）⋯⋯⋯⋯⋯⋯⋯⋯⋯⋯161
やってみよう27⋯⋯⋯⋯⋯⋯⋯⋯⋯⋯⋯⋯⋯⋯⋯⋯⋯⋯⋯⋯⋯⋯⋯⋯⋯161
　　　　3）包摂関係⋯⋯⋯⋯⋯⋯⋯⋯⋯⋯⋯⋯⋯⋯⋯⋯⋯⋯⋯⋯⋯⋯162
　　　　4）非両立関係⋯⋯⋯⋯⋯⋯⋯⋯⋯⋯⋯⋯⋯⋯⋯⋯⋯⋯⋯⋯163
やってみよう28⋯⋯⋯⋯⋯⋯⋯⋯⋯⋯⋯⋯⋯⋯⋯⋯⋯⋯⋯⋯⋯⋯⋯⋯⋯164
　１．３　句の意味⋯⋯⋯⋯⋯⋯⋯⋯⋯⋯⋯⋯⋯⋯⋯⋯⋯⋯⋯⋯⋯⋯165
　　　　1）連語⋯⋯⋯⋯⋯⋯⋯⋯⋯⋯⋯⋯⋯⋯⋯⋯⋯⋯⋯⋯⋯⋯⋯⋯165
やってみよう29⋯⋯⋯⋯⋯⋯⋯⋯⋯⋯⋯⋯⋯⋯⋯⋯⋯⋯⋯⋯⋯⋯⋯⋯⋯166
　　　　2）慣用句（イディオム）⋯⋯⋯⋯⋯⋯⋯⋯⋯⋯⋯⋯⋯⋯⋯166
やってみよう30⋯⋯⋯⋯⋯⋯⋯⋯⋯⋯⋯⋯⋯⋯⋯⋯⋯⋯⋯⋯⋯⋯⋯⋯⋯167
　１．４　文の意味⋯⋯⋯⋯⋯⋯⋯⋯⋯⋯⋯⋯⋯⋯⋯⋯⋯⋯⋯⋯⋯⋯168
　　　　1）独立した文の意味⋯⋯⋯⋯⋯⋯⋯⋯⋯⋯⋯⋯⋯⋯⋯⋯⋯168
コラム６「国語に関する世論調査」⋯⋯⋯⋯⋯⋯⋯⋯⋯⋯⋯⋯⋯⋯⋯169
　　　　　(1)命題⋯⋯⋯⋯⋯⋯⋯⋯⋯⋯⋯⋯⋯⋯⋯⋯⋯⋯⋯⋯⋯⋯⋯170
　　　　　(2)前提⋯⋯⋯⋯⋯⋯⋯⋯⋯⋯⋯⋯⋯⋯⋯⋯⋯⋯⋯⋯⋯⋯⋯170
　　　　　(3)含意⋯⋯⋯⋯⋯⋯⋯⋯⋯⋯⋯⋯⋯⋯⋯⋯⋯⋯⋯⋯⋯⋯⋯170
やってみよう31⋯⋯⋯⋯⋯⋯⋯⋯⋯⋯⋯⋯⋯⋯⋯⋯⋯⋯⋯⋯⋯⋯⋯⋯⋯171

２．談話における文の意味（語用論）……………………………172
２．１　コンテクスト ………………………………………………172
２．２　結束性と統合性 ……………………………………………173
　　　　１）結束性のつながり ……………………………………174
　　　　２）統合性のつながり ……………………………………174
やってみよう32……………………………………………………175
２．３　発話の構成要素 ……………………………………………176
やってみよう33……………………………………………………178
２．４　発話行為 ……………………………………………………179
　　　　１）行為としての発話 ……………………………………179
　　　　　　⑴発語行為 ……………………………………………180
　　　　　　⑵発語内行為 …………………………………………180
　　　　　　⑶発語媒介行為 ………………………………………180
　　　　２）間接発話行為 …………………………………………181
やってみよう34……………………………………………………182
２．５　会話が成立する条件 ………………………………………183
　　　　１）協調の原理 ……………………………………………183
　　　　２）グライスの理論による会話の含意 …………………185
やってみよう35……………………………………………………186
３．言語・文化・思考 ……………………………………………187
３．１　意味の三角形 ………………………………………………187
３．２　言葉と文化 …………………………………………………189
３．３　サピア・ウォーフの仮説 …………………………………191
やってみよう36……………………………………………………193
雑学のうんちく話⑥「言葉によって異なる色の認識」…………194
第6章のまとめ「意味論」…………………………………………195
総合問題6……………………………………………………………196

第7章　認知言語学

- キーワード ……………………………………………………… 200
- 1．認知言語学とは ……………………………………………… 201
- 1．1　知識構造 ………………………………………………… 201
  - 1）スキーマ …………………………………………… 201
  - 2）カテゴリー化 ……………………………………… 203
- やってみよう37 ………………………………………………… 206
  - 3）フレーム …………………………………………… 207
- やってみよう38 ………………………………………………… 209
  - 4）スクリプト ………………………………………… 210
- やってみよう39 ………………………………………………… 211
- コラム7「言語学戦争」………………………………………… 212
- 2．認知作用と言語 ……………………………………………… 213
- 2．1　図（フィギュア）と地（グランド）………………… 213
- やってみよう40 ………………………………………………… 214
- 2．2　プロファイルとベース ………………………………… 215
- 2．3　トラジェクターとランドマーク ……………………… 216
- やってみよう41 ………………………………………………… 217
- 2．4　ゲシュタルト …………………………………………… 218
- やってみよう42 ………………………………………………… 220
- 雑学のうんちく話⑦「効果的に学習を進める方法」………… 221
- 3．比喩表現 ……………………………………………………… 222
- 3．1　隠喩（メタファー）…………………………………… 222
- 3．2　換喩（メトニミー）…………………………………… 223
- 3．3　提喩（シネクドキー）………………………………… 224
  - 1）上位概念→下位概念 ……………………………… 224
  - 2）下位概念→上位概念 ……………………………… 225

3．4　直喩（シミリ）……………………………………………225
　やってみよう43………………………………………………………226
　第7章のまとめ「認知言語学」………………………………………228
　総合問題7……………………………………………………………229

参考文献……………………………………………………………231
索引…………………………………………………………………235

別冊　「解答と解説」

第1章
言語学のはじまり

第1章　言語学のはじまり

キーワード

1．言語学の歴史

■プラトン　□クラチュロス　■パーニニ　□八巻の書　□規範文法　□ルネッサンス　□文献学　■ジョーンズ　□比較言語学　□祖語　□音韻対応　■ソシュール　□一般言語学講義　□通時態／共時態　□通時言語学／共時言語学　□構造主義言語学　□プラーグ（プラハ）学派　□コペンハーゲン学派　□ロンドン学派　□アメリカ記述言語学　■ボアズ　■サピア　■ブルームフィールド　■チョムスキー　□変形生成文法　□認知言語学

2．言語学の基礎知識

□線条性　□記号性　□シニフィアン／シニフィエ　□能記／所記　□聴覚映像／概念　□記号表現／記号内容　□恣意性　□象徴（シンボル）　□ラング／パロール　□生産性　■マルティネ　□二重分節性　□統合関係／連合関係　□言語能力　□談話能力　□方略能力　□社会文化能力

　本書では、日本語教師にとって基本となる言語学の知識を、主に日本語を題材に学んでいきます。言語学の学習を通して日本語を世界の中の一言語として客観的に見つめる目を養います。それは、母語の異なる人々への日本語教育において、日本語をわかりやすく説明するために必要な知識となります。
　第1章では、言語研究の歴史と言語学に必要な基礎知識を概観することにしましょう。

1．言語学の歴史

　私たちが毎日話している"言葉"の研究はいつから始まったのでしょうか。私たちが言語学を学ぶにあたって、その歴史を知ることは先人の言葉に対する考え方を知る上でとても重要です。過去の人がどのように言語と向き合い、それが現在の言語研究にどのように反映されているのか、言語研究の歴史をひも解きながら考えていきましょう。

1.1　言語研究のはじまり

　言語学という学問が成立するのは 18 世紀末以降のことですが、それよりもはるか以前から言葉に関する考察は行われてきました。人類最古の言葉の研究と言われるものに、古代ギリシャの哲学者**プラトン**の対話集**『クラチュロス』**とインド人文法家**パーニニ**による文法書**『八巻の書』**があります。いずれも紀元前 5 世紀から 4 世紀にかけてのものです。

　プラトン（Platōn, BC429-347 頃）は対話集を約 30 編残していますが、その中の一つ『クラチュロス』では、私たちが普段使っている言葉とそれが表す意味との関係について議論しています。言葉と意味のつながりは自然なのか、習慣なのかという議論です。

　たとえば、私たちは空に輝く明るい物体のことを「太陽」と呼びますが、この「空の物体」と「太陽」という呼び名との関係は自然発生的なものでしょうか、それとも習慣として私たちが決めたものでしょうか。ニワトリの鳴き声はどうでしょうか。「コケコッコー」で表すのは自然でしょうか、習慣でしょうか。皆さんはどのように考えるでしょうか。

　この問題はのちのヨーロッパの哲学者に引き継がれ、長い間議論の対象となっていましたが、近代言語学の父と呼ばれるソシュールの提唱した「言語記号の恣意性」によって、終止符が打たれることになります（→ p.12）。しかし、紀元前の時代にこのような言語の本質にかかわる

議論がなされていたことに驚きを感じます。プラトンは『クラチュロス』以外の対話集においても、音の分類（子音と母音）や品詞の区別（名詞と動詞）に言及しており、西洋伝統文法研究のはじまりと言ってもいいでしょう。

　紀元前4世紀ないし5世紀頃のガンダーラ（現在のパキスタン）出身と推定されるパーニニ（Pāṇini, 生没年不詳）は、8章から成る『八巻の書（パーニニ文典)』という文法書を編纂しました。この本はインドの古典サンスクリット語（梵語）を、スートラと呼ばれる簡潔な文体でおよそ4000の文法規則にまとめたものです。これは、その後の古典サンスクリット語の規範となりました。

　プラトンの研究はアリストテレス（プラトンの弟子）やストア学派（ギリシャ哲学の一派）に受け継がれ、品詞の確立や多くの文法用語の設定など、いわゆる西洋の伝統文法の基礎が作られていきました。そして、先に整備が進められたギリシャ文法の記述を手本に、ローマ時代のラテン語と中世以降の西洋の各近代語における**規範文法**（正しい言葉の使い方を教えるための文法）が成立します。今日の西洋各国の学校文法においても、規範文法の影響は根強く残っていると言えます。

　14世紀に入ると、イタリアを中心に**ルネッサンス**が興り、古代ギリシャ・ローマの文芸作品が再評価されるようになり、**文献学**（過去の作品を歴史的に研究する学問）が発展します。文献学の分野では、古典語の知識が必要になることがありますが、言語はあくまで文献の内容を理解するための手段であり、研究の対象ではありませんでした。言語を科学的に研究する「言語学」の登場は**ジョーンズ**（William Jones, 1746-1794）が現れる18世紀末まで待たれることになります。

1.2　言語学の誕生

　イギリスの法律家であり、サンスクリット語の研究者でもあったジョー

ンズは 1786 年、カルカッタにおける講演で、サンスクリット語と西洋語との間に多くの類似する語彙が存在することを発表しました。たとえば、サンスクリット語と古典ギリシャ語とラテン語の語彙には以下のような類似点が見られます。

表1　サンスクリット語と西洋語の関係（アルファベット表記）

	父	母	新しい
サンスクリット語	pitar	matar	nava
古典ギリシャ語	pater	meter	neos
ラテン語	pater	mater	novus

　ジョーンズは文法面における類似性も指摘し、この3言語は共通の言語（**祖語**）から派生した可能性が高いことを示唆しました。この仮説は、西洋の言語学会に大きな衝撃を与えました。同時に、当時の言語学者によって仮説の検証が始まり、言語間の系統関係を研究し、祖語を再建する**比較言語学**が華々しいスタートを切ったのです。その後、19世紀に**音韻対応**（音の対応）をもとにした分析方法が確立され、インドからヨーロッパにまたがる多くの言語の系統が次々と明らかにされていきました。

　比較言語学によって言語を科学的に研究する学問である「言語学」が歴史上初めて成立したことになります。ただし、この研究は言語間の歴史的系統の解明が主な目的であり、言語の構造の分析にまで及ぶものではありませんでした。こうした状況の中で現れたのが、近代言語学の父と呼ばれる**ソシュール**（Ferdinand de Saussure, 1857-1913）です。

1.3　構造主義言語学の発展

　ソシュールは、これまでの言語学があまりに歴史的研究に偏っていたことを反省し、言語の歴史的な変化よりも、言語の静的な構造のあり方

を考える必要性を強調しました。ソシュールは、歴史の流れの中で言語を捉える**通時態**と、ある時代の言語の構造に焦点を当てる**共時態**という2つの枠組みを提示し、この2つを明確に区別する必要性を訴えたのです。その後、言語学を志す者はこの区別を厳守し、言語の共時態にスポットライトが当たるようになりました。19世紀の言語学を「通時態の言語学（**通時言語学**）」と呼ぶなら、20世紀の言語学は、間違いなく「共時態の言語学（**共時言語学**）」と呼ぶことができるでしょう。

ソシュールは通時態／共時態という研究の方法論だけでなく、言語を研究する上での重要な概念を次々と規定し、その後の言語研究の基礎を固めました。このソシュールの理論に触発される形で、ヨーロッパやアメリカを中心に言語の音声（cf. 第2章）・音韻（cf. 第3章）・形態（cf. 第4章）などの研究が始まりました。このようなソシュール以降の言語研究の総称を**構造主義言語学**と呼んでいます。

1.4　客観的研究から認知的研究へ

構造主義言語学の発展により、客観的な言語データに基づく言語の研究（音声・音韻・形態面）は飛躍的に進みましたが、人間の主観がかかわる統語・意味論の分野はそれほどの進展がありませんでした。このような構造主義言語学の取り組みを批判する形で、20世紀後半になると、**チョムスキー**（Avram Noam Chomsky, 1928-）が登場、人間が文を作り出すメカニズムの解明を目指して、**変形生成文法**を提唱し、多くの言語学者を惹きつけることになります。

チョムスキーの理論は当初、言語学の主流になるかと思われるほど勢いがありましたが、チョムスキー学派の分裂や理論の複雑化により、その勢力に陰りが見えるようになりました。これと反比例するかのように登場したのが**認知言語学**です。言語を認知面から分析する研究論文が次々と発表され、新しい言語学としての地位を確かなものにしていきました。現在もっとも脚光を浴びている言語理論と言っていいでしょう。

Column

コラム1 「ソシュールと構造主義言語学」

　ソシュールは存命中に一冊の著書も出版しませんでしたが、ソシュールの死後、弟子たちがジュネーブ大学で行われた一般言語学の講義をまとめて、出版しました。それが**『一般言語学講義』**です。この中で、現代言語学の基礎とも言える多くの理論が紹介され、あっという間に世界中の言語学者に影響を与えました。

　このソシュールの言語理論に触発される形で1920年代から50年代にかけてヨーロッパとアメリカに生じた言語学の諸流派を総称して「構造主義言語学」と呼んでいます。

　チェコではプラハを中心に音韻論を発展させた**プラーグ（プラハ）学派**、デンマークでは文法と音韻を合一した言理学を唱える**コペンハーゲン学派**、イギリスでは言語行動の場面（場面の脈絡）と韻律論的分析（プロソディー分析）を重視する**ロンドン学派**などが現れ、言語の構造の解明が進みました。

　アメリカでは、ヨーロッパ大陸における言語研究と一線を画す形で、アメリカ・インディアン諸語を対象とする文化人類学的研究が隆盛を極めます。フィールドワークで得られた客観的な言語データをもとに、音声、音素、形態素などが分析され、その言語の体系が構築されていきました。このような研究を**アメリカ記述言語学**と呼びます。**ボアズ**に始まり、**サピア**、**ブルームフィールド**らによって、アメリカ記述言語学は黄金期を迎えました。

　ソシュール以降の構造主義言語学によって、音声学や音韻論、形態論の分野で大きな発展が見られ、言語構造の記述的な研究が大きく前進したと言えます。

チョムスキーの理論は、一時の勢いが衰えたとは言え、言語形式を客観的に観察・記述する構造主義的アプローチから、言語を作り出す人間の認知面へと研究を転換させた点で画期的なものでした。その後に登場した認知言語学もチョムスキーの研究から大きな影響を受けています。

21世紀に入り、言語研究は、心理学、人工知能、計算機科学、脳神経科学、哲学、社会学、コミュニケーション学などの他分野と連携しながら、人間の総合的研究の一分野としての道を歩み始めています。

やってみよう1

次の(1)から(6)に対し、もっとも関係のある人物や事柄を下の選択肢の中から1つ選んでください。

(1)ヨーロッパ人で初めて言語の研究にかかわったとされる人
 a. ジョーンズ　　b. パーニニ　　c. アリストテレス　　d. プラトン

(2)ルネッサンスともっとも関係の深い研究分野
 a. 規範文法　　b. 伝統文法　　c. 文献学　　d. 比較言語学

(3)ジョーンズの研究によって、比較言語学誕生の発端となった言語
 a. 英語　　b. サンスクリット語　　c. ギリシャ語　　d. ラテン語

(4)19世紀にもっとも発展した言語研究
 a. 構造主義言語学　　b. 変形生成文法　　c. 比較言語学　　d. 音声学

(5)近代言語学の父と呼ばれる人物
 a. チョムスキー　　b. プラトン　　c. ソシュール　　d. サピア

(6)20世紀後半以降の言語研究にもっとも貢献した言語学者
 a. チョムスキー　　b. ジョーンズ　　c. ソシュール　　d. ボアズ

2．言語学の基礎知識

　ここまでで言語学の大きな流れをつかむことができたでしょうか。第2章から具体的に言語学の各分野について見ていきますが、その前に言語学の基礎的な概念を理解しておきましょう。
　この項では私たちが日々使っている言語の特徴とその機能について考えます。一言で言えば、言語の特徴は「音声や文字を用いた記号の体系」であり、その機能は「知覚・感情・思考などを相手に伝えること」にあります。

2.1　言語の特徴

　言語の特徴を考えるとき、ソシュールの理論を抜きにしては語れません。それほど、ソシュールの理論は現在の言語学の基礎となっているからです。言語の特徴を知ることは、同時にソシュールの唱えた言語の概念を理解することにつながります。

1）線条性

　言語を伝える手段は主に2つあります。それは音声によるものと文字によるものです。私たちの普段の会話は音声によるコミュニケーションになります。一方、手紙を書いたり、メールしたり、メモ書きを残したりするのは文字によるコミュニケーションです。この音声と文字について、どちらが言語の根本的な伝達手段と言えるでしょうか。この答えはそれほど難しくはないでしょう。以下の事実から、文字より音声が先に存在したことが明らかであり、音声の優位性を証明できるからです。

(1)世界の言語の中で文字言語をもたないものがあるが、音声言語のないものはない（例外として手話がある）。

(2)文字言語の歴史はせいぜい5～6千年程度である。
(3)幼児の言語習得は音声から始まる。

　このような優位性に加え、ソシュールは言語の特徴として音声の**線条性**を挙げています。これは、音声は時間の流れの中を線のように流れることを意味します。たとえば、「日本」と聞いて理解できるのは、「に」と「ほ」と「ん」という3つの音が時間の流れに沿って発音されるからです。この3つの音が同時に発音されたら理解することはできないでしょう。この点が、視覚的に一瞬で理解できる文字とは異なっているのです。

2）記号性

　ソシュールは、「言語は表すもの（**記号表現**）と表されるもの（**記号内容**）が一体化した記号の体系である」と定義しました。これはどういうことかと言うと、私たちは自分の言いたいことを相手に伝えるために、記号表現の一つである音声や文字などを利用しているが、音声や文字などとそれが表す内容との結びつきは一心同体のようなものであると説明したのです。

(1)シニフィアン（能記）とシニフィエ（所記）

　この記号表現と記号内容を、ソシュールは**シニフィアン（能記）とシニフィエ（所記）**と呼びました。この用語はフランス語の"signifier"（示す）から来ており、シニフィアンは"signifiant"（示すもの）、シニフィエは"signifié"（示されるもの）という意味です。日本語の「能記」と「所記」は、「能（働きかけること）」と「所（働きを受けること）」という意味から、これらの漢字が訳として使われています。ソシュールは両者は心理的なものであるとして、前者を**聴覚映像**、後者を**概念**という言い方でも説明しています。

このソシュールの考えを、「傘」という例で説明しましょう。ソシュールによれば、傘という言葉は、「/kasa/ という音声と「☂」という意味が合体した記号」ということになります。

図1　「傘」という記号

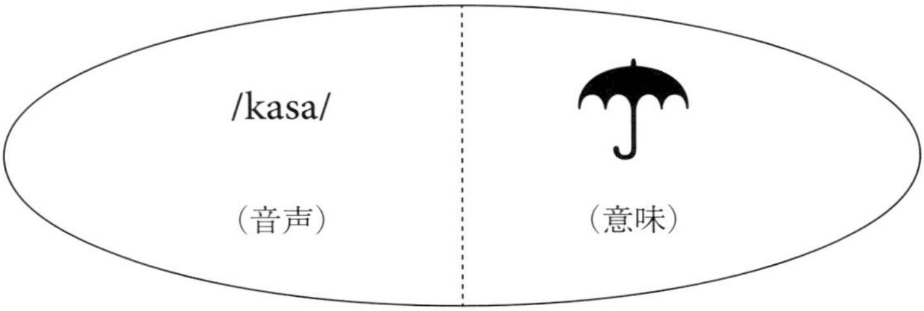

```
       /kasa/           ☂

       （音声）         （意味）

     記号表現          記号内容
```

　記号表現（シニフィアン／能記）はあくまで手段ですから、音声や文字以外のものであってもいいわけです。点字やジェスチャー、標識やサインでもいいことになります。
　たとえば、私たちがよく使う「OKサイン」もジェスチャーという身振りや手振りを使った言語活動であると言えます。

図2　「OK」という記号

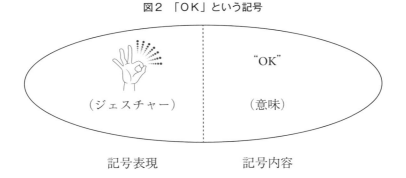

(2)言語記号の恣意性(しいせい)

ソシュールは、このシニフィアン(能記)とシニフィエ(所記)の結びつきは**恣意的**(任意のつながり)であり、両者に自然な関係がある**象徴(シンボル)**と区別しました。

つまり、「記号表現」と「記号内容」との間には必然的なつながりはなく、その言語を使う人が勝手に決めればいいということになります。男女を文字で表す場合、日本では「男性」と「女性」と書きますが、韓国では、「남자」と「여자」と書くという具合です。

①恣意的な記号の例

　　　日本語　　　　　　　韓国語

これに対して、象徴では「表すもの」と「表されるもの」の間に何らかの関連性があるため、すべての人に通用するサインとして使うことができます。

②象徴記号の例

世界共通

象徴の記号では男性の筋肉質の体型を逆三角形で、女性のスカート姿を三角形で表しています。日本語の中にはオノマトペ(擬態語・擬声語)

のように象徴に近い言葉もありますが、ほとんどの単語の「音声と意味」の関係は恣意的であると言えます。

　この関係は古代ギリシャのプラトンの時代から、西洋の哲学者が議論を重ねてきたものです。両者のつながりは自然か習慣かというもので、ソシュールの唱える「言語記号の恣意性」によって後者の考えが肯定されました。しかし、オノマトペに代表される自然なつながりがあるのも事実です。

　ソクラテスは子音の /r/ は動きを表し、ギリシャ語の "rhein"（流れる）、"rhoe"（流れ）、"tromos"（震え）の語に使われると主張しました。その他にも、口の開きとの関係で、開きの小さい /i/ は英語の "little" "tiny" "thin" "bit" などの "小さい" 意味に、開きの大きい /a/ は "large" "fat" などの "大きい" 意味に使われるという説もあります。ただこれらの自然派の主張は例外も多いことから、ソシュールの「言語記号の恣意性」は多くの研究者に支持されています。

3）言語の二面性（ラングとパロール）

　ソシュールは、言語には社会の人々に共有される「知識としての側面（**ラング**）」と個々の発話で使われる「具体的な側面（**パロール**）」との二面性があることを指摘しました。これを簡単に言えば、ラングは「頭の中の言語」であり、パロールは「実際に口に出した言語」ということになります。たとえば、誰かが次のような文を発したとしましょう。

　　「おなか　すいた！」

この文は、実際に現実の世界で使われたという意味でパロールになります。では、これを聞いた周りの人間は、この文の意味を正確に理解することができたでしょうか。「それは、当たり前だ」という返事が来そう

ですが、ちょっと待ってください。この文をよく観察してください。おなかがすいたのは誰でしょうか。主語が表されていません。「おなか」の後に助詞もありませんが、正しい文でしょうか。どう考えても、不完全な文ではありませんか。

　でも、私たちはこの不完全な文を聞いて、迷うことなく意味が理解できたはずです。どうしてでしょうか。それは、この文の発話が行われた状況から判断して、

　　　（私は　おなかが　すいた！）

という文であることを、誰もが瞬時に理解したからです。つまり、私たちのもっている日本語の知識によって、「おなか、すいた」という不完全な文は、〔私はおなかがすいた〕という完全な文に直され理解されたわけです。しかし、この正しい文は現実の文として発話されたものではありません。私たちの頭の中で修正された文と言えるのです。

　実際の会話であるパロールは不完全な文が多いため、私たちはその不完全な文を、言語知識（ラング）に照らし合わせて、正しい文として捉え直し、理解しているとも言えるのです。この「正しい文」についての知識はその言語を使う人々に共通する知識です。このことから、ラングは言語が使われる社会に共通する、言葉の規則の総体であると言えるのです。

表2　ラングとパロール

言語の側面	内　容
ラング	社会的に共有される言語の一般的規則の総体（抽象的）
パロール	個人によってなされる一つ一つの言語行為（具体的）

皆さんは、もし日本語を研究するとしたら、どちらの文を分析するほうがいいと思いますか。パロールの「おなか、すいた」でしょうか。それとも、ラングの「私はおなかがすいた」でしょうか。その答えは明白ですね。日本語の文法規則を研究するのであれば、ラングでなければなりません。パロールであれば、日本語には主語はいらないし、助詞も必要ないということになってしまうからです。

ソシュールは、今から100年以上も前に、この二面性を指摘し、言語研究の対象はラングであるべきだと主張しました。ソシュール以前は、このラングとパロールの区別は曖昧であったため、言語構造の研究は正確ではありませんでした。この二面性の区別を厳密に守ることで正確な分析が可能になり、その後の言語研究の発展に大きく寄与することになったのです。

4）言語の生産性

音声によるコミュニケーションは人間だけに限られるものではありません。多くの動物も鳴き声で何らかの意思疎通を図っていることが知られています。このような動物の鳴き声と人間の言葉には何か違いがあるのでしょうか。実は、この両者には「言語の生産性」という点で、大きな相違が存在します。

たとえば、もし皆さんが犬をペットとして飼っていたら、犬の鳴き声を思い出してください。犬にはどのような鳴き方があるでしょうか。おなかがすいたとき、自分の縄張りを荒らされたとき、足などを踏まれたとき、嬉しいときや寂しいときなど、犬の鳴き声は様々でしょう。しかし、それ以上のコミュニケーション・スタイルをもっているでしょうか。「おなかがすいている」とは伝えることができても、どれくらいすいているのか、たくさん食べたいのか、少しでいいのか、すいているが今は食べたくないのかなど、複雑な内容を伝えることはできないでしょう。

このように考えると、犬の鳴き声のパターンは有限であり、音の連続のパターンで1つの意味しか伝えていないことがわかります。たとえば、

　　ワンワンワン　→　おなかがすいた
　　キャインキャインキャイン　→　足が踏まれて痛い
　　ウォンウォンウォン　→　縄張りに入るな

といった具合です。
　つまり、犬の鳴き声は単なる音の連続であり、この点が、様々な文を作り出すことができる私たちの言語と大きく異なるところなのです。人間の言語の生産性については、フランスの言語学者**マルティネ**（André Martinet, 1908-1999）とソシュールが、それぞれの立場から次のように説明しています。

(1)**言語の二重分節性**

　マルティネは人間の言語の区切り方には2段階あり、この二重構造によって新しい文を無限に作り出すことができると指摘しました。この区切り方は、形態素（意味のある最少の単位）と音素（音）のレベルに分かれ、前者を第一次分節、後者を第二次分節と呼びました。
　このことを「言語学の勉強は楽しい」という文で説明してみましょう。この文を形態素のレベル（第一次分節）で区切ると、以下のようになります。

　　　言語－学－の－勉強－は－楽し－い

ハイフンで区切られた部分（形態素）はそれぞれ意味があります。「言語」は言葉、「〜学」は「社会学」「生物学」のように学問を表します。「〜

の」は名詞と名詞を結ぶ連体修飾の役割をもっています。「勉強」は何かを学ぶことであり、「〜は」は文の主題を表します。「楽し−」は愉快な気持ちを表し、「〜い」は時制（現在形）を示しています。

　そして、第二次分節は音素のレベルになります。以下に音素のレベルでの区切りを見せますが、ここでは音素記号を知らない方のために、ローマ字で音素を表しています。

　　　g-e-n-g-o-g-a-k-u-n-o-b-e-n-ky-o-o-w-a-t-a-n-o-sh-i-i

　この2つの区切りがどのように重要なのか、これから説明します。まず、形態素で分けることのできる第一次分節によって、私たちは様々な文を作ることが可能になります。たとえば、「言語」を「音声」に置き換えれば、「音声学の勉強は楽しい」という別の文ができます。同様に、「言語学の予習は楽しい」「言語学の勉強はつまらない」「言語学の勉強は楽しかった」など、形態素の内容を1つ変えるだけで、まったく別の文ができあがります。

　つまり、形態素で区切ることのできるおかげで、私たちは無限に異なる文を作り出すことが可能になるのです。この点が、意味のかたまりで区切ることのできない動物の鳴き声と根本的に異なる点です。

　さらに、第二次分節の音素のレベルにおいても、たとえば、/a-i/（愛）、/u-m-i/（海）、/y-a-m-a/（山）など、異なる音素を組み合わせることで形態素を作ることができます。日本語には最大で24の音素があるとされていますが、たった24の音素で様々な形態素を作り出し、その組み合わせによって無限に文を創造することができるのです。この驚くべき言語の経済性と生産性にマルティネは焦点を当て、1960年に『一般言語学要理』の中で言語の二重分節性を指摘し、世界的な名声を得ることになったのです。

(2) 統合関係と連合関係

　マルティネは言語の生産性を形態素と音素との組み合わせで説明しました。これに対し、ソシュールは語のレベルで考え、**統合関係**（文法的なつながり Syntagmatic relations）と**連合関係**（語彙的なつながり Paradigmatic relations）という体系で説明しました。

　統合関係は主語、目的語、述語などの文法的なつながりを意味します。それに対し、連合関係は語彙的な入れ替えが可能なつながりを意味します。参考書によって、統合関係は、統合的関係、連辞関係、統語的関係などと、連合関係は、範列関係、範例的関係、系列関係などと訳されることがあるので、注意してください。

　たとえば、「古橋さんがおにぎりを食べた」という文で考えてみましょう。統合関係でこの文を見ると、

　　　古橋さんが ──── おにぎりを ──── 食べた
　　　（主語）　　　　　（目的語）　　　　（述語）

と、文の中で「古橋さん」が主語、「おにぎり」が目的語、「食べた」が述語という文法的な関係が成り立ちます。これに対して、連合関係では、

のように、「古橋さん」は「田中さん」や「山田さん」などと、「おにぎり」は「お弁当」や「パン」などと、「食べた」は「作った」や「買った」

などと、語彙の入れ替えが可能になります。

　この網の目のような構造により、私たちは様々な文を作り出すことができるのです。これらをまとめて示すと以下のようになります。

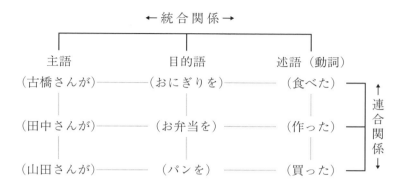

　主語を「古橋さん」から「田中さん」に変えれば、「田中さんがおにぎりを食べた」という異なる文が成立します。同様に、目的語や述語も語彙の入れ替えをすることによって、様々なパターンが考えられるわけです。マルティネやソシュールが指摘するように、私たちがどんなことでも自由に表現することができるのは、このように言葉を自由に組み合わせられるからなんですね。有限な言語素材を使って無限に文を作り出すという、優れた言語の経済性と生産性によって、私たちのコミュニケーションは成り立っているのです。

　以上で、言語の特徴の説明は終わりですが、これらを説明する概念のほとんどにソシュールが関係していることがおわかりいただけたでしょうか。ソシュールが近代言語学の父と呼ばれるのは、このような言語学の基礎を築いた人物であるからなのです。

やってみよう2

次の記述は、言語学の用語について説明したものです。この説明についてもっとも適当なものを下から選んでください。

(1) (　) 言語の研究には、歴史的な時間の流れに沿って研究する仕方と一定の時期の中で研究する仕方との2つの方法がある。

(2) (　) 言語には社会の構成員全員に共通すると仮定される側面と、個人が一回一回行う言語行為としての側面がある。

(3) (　) 言語の構造は文法的なつながりと語彙的なつながりの組み合わせから成る。

(4) (　) 言語はシニフィアンとシニフィエが合体した記号の体系である。

(5) (　) シニフィアンとシニフィエとの間には、必然的なつながりはない。

(6) (　) 言語は意味的な部分と音声的な部分との二段構えの構造になっている。

(7) (　) 言語の音声は時間に沿って流れることで聞き手に理解される。

---

a. 統合関係と連合関係　　b. 言語の線条性　　c. 言語の記号性
d. 言語記号の象徴性　　e. 言語記号の恣意性
f. 言語の二重分節性　　g. ラングとパロール　　h. 通時態と共時態

雑学のうんちく話①

日本語はどこから来たのか？

　人類の祖先であるホモサピエンスが十数万年前にアフリカを出発し、ヨーロッパには３万５千年前までに、東南アジアには５～６万年前までに、そして、日本には４万年前頃までに到達したと言われています。このような人類の歴史の中で言語はどのように生まれ、伝わっていったのでしょうか。

　言語の起源について、インド・ヨーロッパ語族やセム・ハム語族などの世界の主要な言語グループは５～６千年前の祖語から派生したと推定されています。決め手は音韻対応で、これらの言語には規則正しい音の対応を見つけることができるからです。

　では、日本語はどのような言語から派生したのでしょうか。実は、日本語は他言語との関係性を証明できない孤立言語に分類されています。多くの言語学者が血眼になって探しても、他言語との音韻対応をまったく見つけることができないからです。そのため、日本語の起源については、アルタイ語族説やオーストロネシア語族説、ドラヴィダ語族説、朝鮮語同系説などの諸説が巷を賑わせています。

　しかし、最近になって、ある新説が注目を浴びています。それは環太平洋言語圏説です。音韻対応が見つかるのは今から５～６千年前までに分岐した言語どうしであり、それ以前に分かれた言語では、音韻対応は見つかりません。このような太平洋周辺の古い言語を一つのグループとしてまとめた仮説が環太平洋言語圏説です。もしこの新説が正しいとすれば、日本語は人類最古の言語の一つから派生し、独自の進化を遂げたことになり、人類言語史の始まりという壮大なドラマの重要な一翼を担うことになるでしょう。

2.2　言語の機能

　言語の機能はコミュニケーション、つまりお互いに意志の伝達をはかることです。この機能を果たすためには「言語能力」「談話能力」「方略能力」「社会文化能力」の4つの能力が必要となります。

1）言語能力

　ある言語で意思疎通をはかるためには、その言語の文法や語彙などの知識がなければなりません。私たちが英語でコミュニケーションをとろうと思ったら、英文法を勉強しなければならないのと同じです。私たち日本語母語話者が毎日何不自由なく日本語で会話できるのは、私たちの頭の中に内在する**言語能力**のおかげです。たとえば、皆さんは次の文を見て、どこかがおかしいと感じるでしょうか。おかしいと感じる箇所に下線を引いてください。

(1)私は昨日近くの公園に遊びました。
(2)子どもが遊園地にあります。
(3)質問のある人は私に来てください。
(4)今日は雨が降っていて、少し冷たいね。

　この文を読んで、不自然だと感じることができれば、皆さんには正しい日本語の言語能力があることになります。そして、正しい文に直すのもそれほど難しくはないでしょう。これらの文には日本語能力が不完全な日本語学習者によく見られる間違いが含まれています。正しい文に直してみましょう。

(1)私は昨日近くの公園に（→で）遊びました。
(2)子どもが遊園地にあります（→います）。

(3)質問のある人は私(→私のところ)に来てください。
(4)今日は雨が降っていて、少し冷たい(→寒い)ね。

　(1)は助詞の間違いです。場所を示す助詞には「に」と「で」があり、その使い分けが難しいんですね。(2)は人間の存在に対して物の存在と同じように「ある」を使ってしまった例です。有情物(生物)か無情物(無生物)かによって、日本語では「いる」と「ある」が使い分けられます。(3)は、語彙の問題です。英語では"come to me"と言えますが、日本語では言えません。それは、英語の"me"などの代名詞には場所性が伴っているからです。つまり、英語の代名詞はその人物とともにその周りの場所の意味も含まれているのです。それに対して、日本語の代名詞には場所性がありません。場所として使う場合は、「ところ」を付けなければならないのです。(4)も語彙の問題です。「冷たい」は体の一部で感じる冷たさです。それに対して、体全体で感じる冷たさは「寒い」と言わなければなりません。
　日本語の母語話者にはこのような言語能力が自然に備わっています。言語の機能であるコミュニケーションを成立させるためには、当たり前ですが、このような言語の能力が必要とされるのです。

2）談話能力

　言語能力が備わっていれば、正しい日本語文を作ることが可能になります。では、それだけで十分にコミュニケーションを遂行することができるでしょうか。実は、言語能力があっても、コミュニケーションが成立しないことがあります。たとえば、あなたは、以下の田中さんと山田さんの会話をどのように感じるでしょうか。

　田中：山田さんは北海道へ行ったことがありますか。

山田：今度試験があるから、勉強しないと大変です。
田中：何の試験があるんですか。
山田：カレーライスを食べました。

　山田さんと田中さんの間でコミュニケーションが成立しているとは感じられませんね。田中さんの質問に対する山田さんの応答は支離滅裂なものです。しかし、文法的な観点から見れば、これらの文はすべて正しい文であると言えるのです。
　このように、相手とのやり取りにおいて相手の質問に的確に答え、会話を成立させる能力のことを**談話能力**と呼びます。談話とは意味のつながりのある複数の文の集合体を意味します。上で見た例は極端ですが、日常生活では談話能力が欠けることはしばしばあります。たとえば、話をしながら関係のないことを考えていて、それを思わず声に出してしまったなんていう経験はありませんか。相手からすれば、突然脈絡のないことを言われ戸惑ってしまいます。
　また、場の雰囲気を理解しないで発言する人のことを"ＫＹ"と呼ぶことがありますが、このような人も状況に応じた会話ができないという点で、談話能力に欠けると言えるかもしれません。円滑なコミュニケーションを成立させるためには、文脈に沿って相手とのキャッチボールを適切に遂行する談話能力が必要になるのです。

3）方略能力
　言語能力と談話能力があれば、基本的なコミュニケーションは成立します。しかし、コミュニケーションをより効果的に遂行するためには、自分の主張を相手に理解させ、同意させるテクニック（**方略能力**）が必要となります。たとえば、自分の言いたいことを理解してもらうためにジェスチャーを使う、表情を豊かにする、はっきりとわかりやすく説明

するなどの様々な方法が考えられます。

　あるテレビ番組で理系の博士課程修了者の就職率の悪さが話題になっていました。その一番の原因として方略能力の低さが挙げられていました。理系の博士課程にいる学生は自分の研究にのめり込む生真面目なタイプが多く、対外的なコミュニケーション能力に欠けるというのがその番組での趣旨でした。

　たとえば、企業との人事面接で、自分のセールスポイントをしっかりと相手に伝えることができない、ぼそぼそとした話し方で暗い印象を与える、自分の研究内容について専門用語を羅列するだけで専門外の人にわかりやすく説明できないなど、方略能力が足りないために、マイナスの評価を受けてしまうというわけです。

　この方略能力は、会社の営業に携わる人間には必要不可欠な能力と言えるでしょう。セールスマンの話し方はその代表的なものです。皆さんはこれまでにセールスマンからどのような勧誘を受けたことがありますか。私の家にも、塾や家庭教師、屋根や外壁工事の会社、不動産業者、化粧品会社、インターネットの接続業者など、様々なところから勧誘が来ます。ほとんどの勧誘は断りますが、中にはちょっと聞いてもいいかなと思えるような話し方をする人がいます。このような人には相手を信用させ安心させるような方略能力が備わっていると言えるでしょう。

　たとえ営業の仕事に従事していなくても、普段の生活の中で自分の意見を主張し、相手に理解してもらえなければ、自分が不利になることはよくあります。そうならないためにも、自分のことを正しく相手に伝えることができる方略能力をしっかりと身につける必要があります。

4）社会文化能力

　言語能力と談話能力と方略能力が備わっていれば、コミュニケーションで困ることはないでしょう。ただし、もしあなたが異なる文化で暮ら

すことになったら、これらの能力に加えて、**社会文化能力**が重要となります。なぜなら、コミュニケーションは、相手と共通する文化の上に成り立っているからです。

たとえば、皆さんが中学校の先生だと仮定しましょう。生徒から次のように言われたらどのように感じるでしょうか。

(1)明日は雨が降るので、学校を休みます。

日本人であれば、「雨が降るくらいで学校を休むな」と言いたくなりますね。実は、この文はマレーシアからの留学生が実際に作った文なんですが、マレーシアでは日本の台風のようなすごい雨がしばしば降ることがあるそうです。そのような場合、道が洪水のようになり、とても学校に行けるような状態ではなくなるんですね。マレーシア人からすれば、学校を休む理由が雨であるのは極めて自然な感覚なのです。

同様に、「竜巻が来るので、シェルターに避難します（アメリカ中西部）」とか「熱波が来るので、明日は休校になります（オーストラリア）」など、日本では考えられないような状況が外国には存在します。

このような文化的背景の違いで異なる解釈が生まれることもあります。皆さんは、次の文をどのように理解するでしょうか。

(2)父親に死なれて、大学に行けなかった。

日本人の多くは父親が死んだために大学の授業料が払えずに、大学進学をあきらめたと考えるでしょう。ところが、欧米人は父親の葬式に出席するために数日間大学に行くことができなかったと理解する人のほうが多いのです。この解釈の違いはまさに文化的背景の違いに起因しています。両親が大学の子どもの授業料を支払うことが当たり前の日本に対

して、大学進学を自己責任と捉える欧米人との違いです。もちろん反対のケースもありますが、このような文化的背景がコミュニケーションにも影響を与えているわけです。

　アメリカの大学で日本語を教えるＮさんから面白い話を聞いたことがあります。Ｎさんがアメリカに行ったばかりの頃、アメリカ人３人と一緒にアパートをシェアしていたそうです。何かの都合で夜遅く帰ってきて、夕食がとれず、全員おなかをすかせていました。食べる物が何もなく、仕方なくアメリカ人はバナナを食べていたそうです。Ｎさんもバナナを食べたいと思っていたところ、アメリカ人がＮさんもバナナを食べないかと誘ってくれました。しかし、日本人的な遠慮の気持ちでとりあえず、"No, thank you" と断ったそうです。そうしたところ、二度とアメリカ人からの誘いはなく、ひもじい思いでその夜は過ごしたということでした。

　この例は、文化的背景の違いがコミュニケーションにも影響を与えることを物語っています。日本人であれば遠慮していることを理解し、何度も誘ってくれるはずですが、文字通りの意味でしか理解しないアメリカ人は「Ｎさんはバナナを食べたくない」と判断したのです。

　また、文化的背景に関連して、「常識」の違いも重要です。自宅に夕食に誘われ、後日招待してくれた人に会ったら、「先日はご馳走していただき、ありがとうございました」と改めて礼を述べるのが日本人の礼儀です。しかし、多くの外国人は招待されたときに礼を述べたのだから、その後に改めて礼をする必要はないと考えます。ここに、日本人とのちょっとしたコミュニケーション・ギャップが生まれることになります。

　以上、言語の機能であるコミュニケーションを成立させるためには、「言語能力」「談話能力」「方略能力」「社会文化能力」の４つの技能が必要であることを見ました。

やってみよう3

次のコミュニケーションの問題は、①言語能力、②談話能力、③方略能力、④社会文化能力のどれと関係が深いでしょうか。

(1) (　) アメリカ人のリチャードさんは由貴さんを映画に誘ったところ、「うーん、ちょっと」と言われ、行くのか行かないのかよくわからなくて困っている。

(2) (　) 授業に欠席した留学生がいたので、その友達に聞いたところ、「病気です」と言われて驚いたが、実際はただの風邪だった。

(3) (　) 鈴木さんは自己主張が苦手で、嫌な申し出も断れず、いつも損な役割ばかりをさせられている。

(4) (　) 授業中に物思いにふけっていたら、突然先生に指され、見当違いの返答をして、皆から笑われてしまった。

(5) (　) エストニア出身の把瑠都関は初優勝したときのインタビューで、会場にいる母親に向かって、「私を生んでありがとう」と叫んだ。

第1章のまとめ 「言語学のはじまり」

1．言語学の歴史

年　代	事　　項	内　　容
BC5-4	最古の言語研究	プラトン『クラチュロス』 パーニニ『八巻の書』
～中世	規範文法	ギリシャ文法を規範として、ラテン語や西洋言語の規範文法が成立する
14-16世紀	文献学	ルネッサンスにおいて古代文学作品の研究が盛んになる
19世紀	比較言語学	ジョーンズのサンスクリット語の紹介により比較言語学が発展する
20世紀前半	構造主義言語学	ソシュールによって、言語研究の基礎が築かれる
20世紀後半	変形生成文法	チョムスキーによって、言語の生成の仕組みに焦点が当てられる
20世紀末	認知言語学	言語の意味面を重視した認知的研究が始まる
21世紀	総合的な人間研究	他分野と連携しながら、総合的な人間研究としての言語学が始まっている

2．言語学の基礎知識

2．1　言語の特徴（記号体系）

　1）線条性　2）記号性　(1)シニフィアン／シニフィエ（能記／所記）
　(2)言語記号の恣意性　3）言語の二面性（ラング／パロール）
　4）言語の生産性　(1)言語の二重分節性　(2)統合関係と連合関係

2．2　言語の機能（コミュニケーション）

　1）言語能力　2）談話能力　3）方略能力　4）社会文化能力

総合問題1

　①言語学の歴史は、18世紀末にイギリス人の法律家で、言語研究家でもあったジョーンズの衝撃的な発表によって幕が上がりました。東インド会社の判事としてインドに赴任したジョーンズはサンスクリット語の研究を始め、サンスクリット語と古典ギリシャ語、ラテン語との間に多くの類似点を見つけることになります。そこから、この3つの言語がもともとは同じ言語であった可能性を示唆したのです。ジョーンズの学会発表が契機となり、ヨーロッパ言語の系統的研究が始まり、19世紀の比較言語学の大発展へとつながっていきます。

　②ソシュールが19世紀末に現れると、言語学の焦点は歴史的な研究から言語そのものの構造の研究へと移っていきます。ソシュールの理論に触発され、ヨーロッパやアメリカで言語を客観的に分析する言語グループが台頭し、音声学、音韻論、形態論の分野で大きな成果が挙がりました。しかし、統語論や意味論の分野ではその成果は限定的なものであり、③構造主義言語学の行き詰まりが指摘されるようになりました。

　そこに登場したのがチョムスキーです。彼は構造主義言語学の方法論を批判し、言語を作り出すメカニズムを研究の対象にすべきだとしました。そのために、変形生成文法という新しい方法論を提案し、これまで解析不可能であった様々な統語現象の謎を理論化して説明しました。多くの言語学者がこの新しい理論に飛びつき、輝かしい変形生成文法の時代が到来しました。しかし、度重なる理論の変更・修正やグループ内の意見対立による内部分裂などによって次第に勢いが衰え、現在では数多くある言語研究グループの一派に数えられるにすぎません。

　しかし、チョムスキーによって始まった人間の認知的研究は言語学にとどまらず、心理学、哲学、脳科学、コンピューター科学、社会学や数学などの分野に大きな影響を与えています。

問1　下線部①〜③に関連して、正しい記述には○を、正しくない記述には×を付けてください。

(1)下線部①について
a.（　）ヒンディー語はインド・ヨーロッパ語族に含まれる。
b.（　）ジョーンズによって「言葉と意味」の議論に終止符が打たれた。
c.（　）言語間の歴史的変遷を研究する通時言語学が発展した。
d.（　）比較言語学は複数の言語を比較し、その差異を明らかにする。

(2)下線部②について
a.（　）言葉はシニフィアンとシニフィエが合体した記号である。
b.（　）言語研究は具体的な発話であるパロールを対象にすべきだ。
c.（　）統合関係と連合関係によって様々な文を作ることができる。
d.（　）20世紀は共時態の言語研究が盛んになった。

(3)下線部③について
a.（　）イギリスでは普遍的な生成文法理論が唱えられた。
b.（　）アメリカではインディアン諸語の研究が盛んになった。
c.（　）チェコでは音韻論の研究が盛んに行われた。
d.（　）デンマークでは場面と韻律論的分析の研究が行われた。

問2　以下は「言語の機能」に関わる能力について述べたものです。正しい記述には○を、正しくない記述には×を付けてください。
a.（　）言語能力は文法や語彙などの言語知識のことを言う。
b.（　）談話能力は会話の流れに沿って適切に応答する能力である。
c.（　）方略能力は言語学習を管理する能力のことである。
d.（　）社会文化能力は一般的な社会常識も含むものである。

第 2 章
音声学

第2章　音声学

キーワード

1．音声学とは
☐ 調音音声学　☐ 音響音声学　☐ 聴覚音声学　☐ 国際音声記号（IPA）　☐ 気管　☐ 喉頭　☐ 声門　☐ 声帯　☐ 口蓋帆　☐ 口腔　☐ 鼻腔　☐ 有声音／無声音　☐ 子音／母音　☐ 呼気音／吸気音／吸着音　☐ 舌打ち音／クリック

2．日本語の音声の特徴
☐ 調音点　☐ 調音法　☐ 両唇音　☐ 歯茎音　☐ 歯茎硬口蓋音　☐ 硬口蓋音　☐ 軟口蓋音　☐ 円唇　☐ 口蓋垂音　☐ 声門音　☐ 破裂音（閉鎖音）　☐ 摩擦音　☐ 破擦音　☐ 鼻音　☐ はじき音　☐ 接近音　☐ 前舌母音／後舌母音　☐ 高母音／中母音／低母音　☐ 狭母音／広母音　☐ 臨界期仮説

3．超分節素
☐ 分節音　☐ 強勢（ストレス）アクセント　☐ プロミネンス　☐ 高低（ピッチ）アクセント　☐ 頭高型／中高型／尾高型／平板型　☐ 起伏型　☐ 声調（トーン）　☐ イントネーション

　言語学の分野は言葉の一番小さい単位を研究する音声学、音の仕組みを扱う音韻論、意味のある最小単位を考える形態論、語と語の文法関係を扱う統語論、語や文の意味を考える意味論、談話における意味を研究する語用論、認知的な観点から言語の意味を考察する認知意味論（認知言語学）などに分かれます。第2章では言語に用いられる音声を観察、分類、記述する音声学を概観します。

1. 音声学とは

　言語に用いられる音声を観察し、それが人間に伝わるメカニズムを研究する分野を**音声学**と言います。私たちはどのようにして音声を作るのでしょうか。また、音声にはどのような特徴があるのでしょうか。第2章では音声の特徴を理解し、その後の音韻論、形態論への橋渡しをします。

1.1　音声学の種類
　音声による言語伝達には3つの局面があります。どの局面を対象にするかによって、3種類の音声学に分類されます。

(1)調音音声学
　音声がどのように作り出されるかという、調音の観点から個々の音声を特徴づけ、分析します。

図3　音声学の種類

(2)音響音声学
　空気の振動（音波）となって伝わる言語音の物理的性質を測定器を用いて解析します。

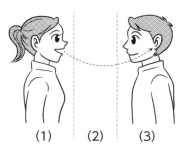
(1)　　(2)　　(3)

(3)聴覚音声学
　音波としての言語音が聞き手の耳に達し、鼓膜に振動を与え、聞き取られる、その音波と聴覚の関係を研究します。

　この中で言語学が通常扱うのは「調音音声学」になります。「音響音声学」の研究には物理学、「聴覚音声学」の研究には聴覚心理学や脳神経科学の専門知識が必要となります。

1.2　音声の表記

　世界に存在する言語の文字には、ローマ字（ラテン文字）、アラビア文字、漢字、ひらがな／カタカナ、ハングルなど、様々なものがありますが、厳密に音声を表す表記はただ一つしかありません。それが、国際音声学協会によって制定された**国際音声記号**（International Phonetic Alphabet）です。略して **IPA** と呼ばれます。

　IPA の制定には、言語を使うのは人間だけであるという前提があります。これにより、言語音を作り出すための器官を人間に限定して、その器官をもとに分類の基準を立てることができるようになりました。IPA によって、世界中の様々な言語音を同じ基準で記述することが可能になったのです。

1.3　発声の仕組み

　音声を学ぶためには、発声のメカニズムを知る必要があります。人間の音声は呼吸を利用して作り出されます。呼吸は吐く息（呼気）と吸う息（吸気）に分かれますが、発声においては主に呼気が利用されます。

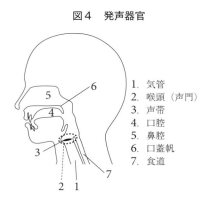

図4　発声器官

1. 気管
2. 喉頭（声門）
3. 声帯
4. 口腔
5. 鼻腔
6. 口蓋帆
7. 食道

　息を吸った後、肺に溜まった空気は**気管**（1）から**喉頭（声門）**（2）の中の**声帯**（3）を経て、**口腔**（4）や**鼻腔**（5）に流れ、外に出ます。この空気の流れるプロセスにおいて様々な音が作り出されます。

　口蓋帆（6）は伸縮することで、鼻腔への道を開けたり閉めたりする働きがあります。発声時は通常緊張することで、鼻腔への道をふさぎ、鼻腔に空気が流れないようにしますが、緩むと鼻腔に空気が流れます。

Column

コラム2 「呼気音・吸気音・吸着音」

　人間が作る言語音のうち、吐く息で作られる音声を**呼気音**と呼びます。人間の音声のほとんどは呼気音です。しかし、世界の言語を見渡すと、吸う息で作られる**吸気音**も存在します。有名なのは北欧諸国の言語で、デンマーク語では"yes"を意味する"ja"を吸気によって発話する現象が見られます。

　日本語でも、息を吸うときに笑い声を上げる「ひき笑い」などが吸気音になります。コメディアンの明石家さんまさんの「ヒェー！」が有名ですね。その他にも、会話の息継ぎのときに出る"hiss"と呼ばれる吸気音があります。話の合い間や終了直後に息を吸いながら、「シー」や「スー」などと音を出すものです。年配の男性の会話によく見られますので、気をつけて観察してみるといいでしょう。

　また、呼気や吸気を利用しないで作られる音声に**吸着音**があります。**舌打ち音**や**クリック**とも呼ばれます。アフリカ南部の言語には何種類ものクリック音（カチ、パチ、チッ、バッなどの音）があるのが有名で、YouTubeでこのような吸着音の入った会話を見ることができます。筆者がアフリカの留学生に日本語を教えていたときにも、これらの学生が、うなずく代わりにクリック音を出していたのを思い出します。様々なクリック音が会話の中で響き、非常に不思議な感覚を覚えました。

　日本語でも、不機嫌な気持ちを表す舌打ちの「チェッ」やキスの音である「チュッ」は吸着音であり、歯茎吸着音 [!] と両唇吸着音 [ʘ] で表すことが可能です。

1.4　声帯の働き

　呼気が気管から声帯を通過して口腔や鼻腔に流れ、口や鼻から外に出ることで音が発生します。声帯は、そのときの開き具合によって、以下の4つの状態に分かれます。

(1)固く閉じる（息が遮断される）　→　無声音（声門破裂音（閉鎖音）[ʔ]）
(2)緩く閉じる（息が声帯を振動させる）　→　有声音（母音と子音）
(3)狭く開ける（息が擦れる音がする）　→　無声音（声門摩擦音［h］）
(4)広く開ける（息が自由に通過する）　→　無声音（子音）

図5　声帯の開閉

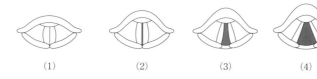

　発音に関して私たちがまずイメージする音は「あー」や「いー」などですが、これらは声帯が震動する(2)の有声音になります。しかし、実際には(4)のような声帯が震動しない無声音も数多く存在します。声帯が震えなくてどのように音が出るのか不思議に思うかもしれませんが、無声音であっても口腔内で空気の流れを妨げることで様々な音を作り出すことが可能です。たとえば静かにさせるときの「シー」は無声音になります。無声音については、この後の「子音」の項で詳しく見ていきます。

1.5　音声の種類

　音声は、声帯の震えによって、**有声音**と**無声音**に分かれます。呼気が声帯を流れるとき、声帯が震えると有声音になります。声帯が完全に閉じているか、開いていると声帯が震えず、無声音となります。声帯の図

で見ると、(2)だけが有声音で、(1)と(3)と(4)が無声音になります。

　声帯が震える／震えないの違いが有声音／無声音の区別であるのに対し、空気の流れが妨げられる／妨げられないの違いが**子音**と**母音**の区別になります。肺からの呼気が器官内で妨げられて生じる音が子音です。子音には有声音と無声音があります。これに対し、空気の流れが妨げられず声帯の震えだけで作られる音が母音です。母音はすべて有声音であり、その音色の違いは口や舌の形によって作り出されます。

表3　音声の種類

	声帯の震え	空気の妨げ
音声	有声音（ある）	子音（ある）
		母音（ない）
	無声音（ない）	子音（ある）

　次項では、これらの音の特徴について具体的に見ていくことにします。

やってみよう4

　以下の記述は「音声学」について述べたものですが、正しい記述には○を、間違った記述には×を付けてください。

(1)（　）音声学には調音音声学と音響音声学と聴覚音声学がある。
(2)（　）国際音声記号（IPA）は万国共通の音声表記である。
(3)（　）人間の音声は呼気音で作られ、吸気音は存在しない。
(4)（　）無声音とは声帯が閉じて空気が流れない音のことを言う。
(5)（　）母音は有声音で、子音は無声音である。

2．日本語の音声の特徴

音声の表記では、国際的に統一された記号である IPA が使われます。IPA を使えば、個人個人の異なる音声まで詳しく表記することが可能になります。では、IPA による日本語の音声表記を見ていきましょう。

日本語の基本的な音声は、子音 26 個と母音 5 個で構成されます。この 31 個の音声は**調音点**（調音の場所）と**調音法**（調音の方法）に基づいて、以下のように特徴づけられます。

2.1 子音

日本語の子音は呼気の流れが何らかの形で妨げられることによって作られます。まず、調音点の違いから、次に調音法の違いから、子音の特徴を見ていきます。

1）調音点による分類

呼気の妨げられる場所によって、(1)**両唇音**（りょうしんおん）、(2)**歯茎音**（しけいおん）、(3)**歯茎硬口蓋音**（しけいこうこうがいおん）、(4)**硬口蓋音**（こうこうがいおん）、(5)**軟口蓋音**（なんこうがいおん）、(6)**口蓋垂音**（こうがいすいおん）、(7)**声門音**（せいもんおん）に分かれます。

これらの場所を、口内の断面図によって確認しましょう。外（左側）からのどの奥（右側）に向かって、唇、歯、歯茎、歯茎硬口蓋、硬口蓋、軟口蓋、口蓋垂、声門となります。

図6　調音器官の名称

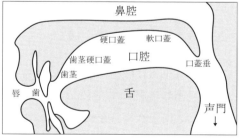

歯茎は上歯の裏側の付け根あたりです。自分の舌を当てながら確認してみましょう。そこから少し奥にずれると、歯茎硬口蓋、それより少し奥のへこんだ硬い部分

が硬口蓋になります。さらに舌を奥に滑らせていくと、柔らかい部分に当たります。それが、軟口蓋です。そこからさらに舌を奥にもっていくと口蓋垂（一般的に「のどちんこ」と呼ばれます）に当たります。普通の人は軟口蓋までしか舌が届きませんが、中には口蓋垂まで届く人もいます。

　以下、これらの調音点を基準に子音を説明していきます。なお、音声表記は国際音声記号（IPA）をブラケット［　］に入れて表します。

(1)両唇音［p, b, m, ɸ］

　上下の唇によって作る音です。パ行[p]、バ行[b]、マ行[m]の子音が該当します。これらの行の音を発音すると、どれも上唇と下唇が閉じて発音されるのがわかると思います。パ行音とバ行音は無声と有声という点で異なります。ただし、これらの日本語音には母音が含まれているので、両唇音だけを発音するためには母音を取り除く必要があります。たとえば、「パ」は[pa]であり、母音と一緒になった音です。両唇音は[p]ですから、「パ」から「ア」の音を取り除かなければなりません。皆さんは正しく発音できるでしょうか。[p]は「プッ」という音に近くなります。同様に[b]は「ブッ」に近い音になります。マ行[m]は鼻から空気が抜けるので鼻音と言います。唇を閉じたまま「ムムムムムー」と発音すると[m]の音になります。フの発音に現れる[ɸ]も、唇を狭めて作られる両唇音です。

(2)歯茎音［t, d, ts, dz, n, ɾ, s, z］

　上歯の後ろの歯茎に舌が当たるか近づいて作られる音が歯茎音です。タ行［t］のタ・テ・ト、ダ行[d]のダ・デ・ドを発音してください。舌が歯茎部に当たるのがわかるはずです。タ行とダ行の違いは無声と有声の違いです。[ts]はツ、[dz]は語頭のザ・ズ・ゼ・ゾに現れる子音です。

その他にも、ナ行[n]のナ・ヌ・ネ・ノとラ行[ɾ]の子音において舌が歯茎部に当たります。サ行[s]のサ・ス・セ・ソと語中のザ行[z]のザ・ズ・ゼ・ゾでは舌が歯茎部に近づきますが、当たりません。舌と歯茎部の間を空気が流れるからです。両者の違いは無声と有声の違いです。

(3) 歯茎硬口蓋音 [tɕ, dʑ, ɕ, ʑ]

舌の位置が歯茎部から少し後ろにずれることで、歯茎硬口蓋音になります。舌先ではなく、舌の腹が当たるという感じです。日本語ではイ段音に現れるのが普通です。チ[tɕi]とジ[dʑi]、シ[ɕi]とジ[ʑi]の音に現れます。同じジでも、[dʑi]は語頭、[ʑi]は語中に現れることが多いです。たとえば、時期（じき）と古事記（こじき）では、最初の「じ」は[dʑ]、後の「じ」は[ʑ]になります。また、チ[tɕi]とジ[dʑi]は歯茎硬口蓋部に舌の腹が当たりますが、シ[ɕi]とジ[ʑi]は近づくだけで当たりません。

(4) 硬口蓋音 [ɲ, ç, j]

舌の腹を硬口蓋に近づけて作る音です。ニ[ɲi]とヒ[çi]とヤ行[j]の子音がこれに該当します。ニ[ɲi]と発音すると舌は硬口蓋に当たります。ヒ[çi]とヤ行[j]のヤ・ユ・ヨでは、舌は硬口蓋に近づきますが、接触せず、舌の腹の上を空気が流れます。ヤ行音は、舌と硬口蓋の間の空間がやや広いため、硬口蓋音であると感じるのは難しいかもしれません。

(5) 軟口蓋音 [k, g, ŋ, ɯ]

舌の後部が盛り上がり、軟口蓋で作られる音です。舌が軟口蓋に当たるカ行[k]とガ行[g]と鼻音のガ行[ŋ]に対し、ワ[ɯa]の子音[ɯ]では軟口蓋に舌が当たりません。日本語の[ɯ]は**円唇**（唇の丸め）が伴わないという点で、英語の[w]とは異なります。舌の位置が軟口蓋に近いことを感じるのは難しいかもしれませんが、口の奥のほうで調音しているのはわかるでしょう。

(6) 口蓋垂音 [N]

　舌の後部を口蓋垂に接触させて作る音で、空気が鼻腔に流れます。言葉の最後のンが口蓋垂音[N]になります。「やかん」や「みかん」などのように「ん」で終わる場合です。語中のン（たとえば、「心配（しんぱい）」や団子（だんご）など）は口蓋垂音にはなりませんので、注意してください。語中のンについては、第3章「音韻論」で詳しく説明します。

(7) 声門音 [ʔ, h]

　声門で調音される音が声門音です。先ほどの声帯の4とおりの状態（→ p.38）のうち(1)と(3)になります。(1)の状態では声門が閉じられ、呼気は完全に遮断されます。「あっ！」「えっ！」などの語末の促音（つまる音）が[ʔ]に当たります。(3)の状態は声門が狭く開くことで声帯の間を空気が流れ、擦れるような音が出ます。ただし、声帯が震えるほどには閉まっていません。これが、ハ行[h]のハ・ヘ・ホの子音です。

　以上が調音点による日本語の子音の説明ですが、日本語にはない英語の子音に唇歯音[f, v]と歯音[θ, ð]、後部歯茎音[tʃ, dʒ, ʃ, ʒ]、流音[l, ɹ]があります。日本語の子音と比べる意味で、簡単に説明しましょう（なお、IPAにおけるアクセント記号は音節の前に入ります）。唇歯音は上歯で下唇に触れるようにして出す音です。"fish[fɪʃ]" や "voice[vɔɪs]" などの例です。歯音は上歯と下歯の間に舌を入れるようにして調音します。"think[θɪŋk]" や "this[ðɪs]" などの例です。後部歯茎音は日本語の歯茎硬口蓋音とほぼ同じですが、舌の位置が日本語より歯茎部に近いため、後部歯茎音と呼ばれます。"catch[kætʃ]" や "judge[dʒʌdʒ]" や "cash[kæʃ]" や "vision['vɪʒən]" などの例です。[l]と[ɹ]（米語の[r]音）は日本語のラ行音[ɾ]とは異なります。[l]の調音点は同じ歯茎部になりますが、日本語の[ɾ]のように舌をはじきません。また、[ɹ]は舌がどこにも当たらないそり舌音です。

2）調音法による分類

口腔内での呼気の妨げられ方によって(1)**破裂音（閉鎖音）**、(2)**摩擦音**、(3)**破擦音**、(4)**鼻音**、(5)**はじき音**、(6)**接近音**に分かれます。なお、以下の口腔断面図では調音点を◯で示します。特に断りがない限り、声帯は無声音で開き、有声音で緩く閉じています（有声無声の区別→ p.49 表4）。

(1)**破裂音（閉鎖音）**［p, b, t, d, k, g, ʔ］

空気の流れを一度止め、そこから一気に開放して出す音です。空気の流れが止まる場所によって、両唇破裂音［p, b］（パ行とバ行の子音）、歯茎破裂音［t, d］（タ行のタ・テ・トとダ行のダ・デ・ドの子音）、軟口蓋破裂音［k, g］（カ行とガ行の子音）、声門破裂音［ʔ］（語末の促音）に分かれます。以下の断面図は歯茎破裂音［t, d］の発声の様子と［p, b］、［k, g］、［ʔ］の調音点を示しています。

図7　破裂音

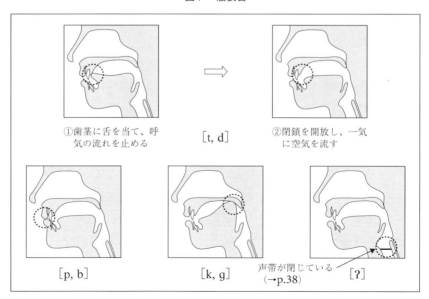

声門破裂音[ʔ]は閉じられていた声門の解放とともに呼気が一気に流れる音で、咳は強い声門破裂音になります。また、日本語では「あっ」「あれっ」などの語末の促音が声門の閉鎖によって作られるため、空気の解放はありませんが、声門破裂音（閉鎖音）として表されます。

(2)**摩擦音** [ɸ, s, z, ɕ, ʑ, ç, h]

空気の流れる空間を狭めると、周りと擦れるような音がします。これが、摩擦音です。空気が当たる場所によって、両唇摩擦音[ɸ]（フの子音）、歯茎摩擦音[s, z]（シを除くサ行と、ジを除くザ行の子音）、歯茎硬口蓋摩擦音[ɕ, ʑ]（シ・ジに現れる子音）、硬口蓋摩擦音[ç]（ヒの子音）、声門摩擦音[h]（ヒとフを除くハ行の子音）に分かれます。下の図を見ながら、空気の擦れる場所の違いを確認してください。

図8　摩擦音

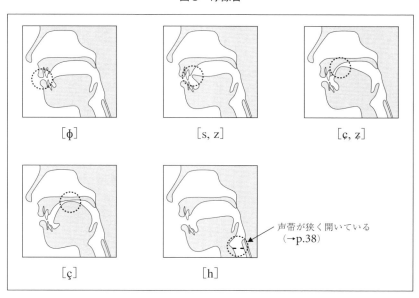

摩擦音の特徴は継続性です。たとえば、静かにするように促す「シー」は歯茎硬口蓋摩擦音[ɕ]ですが、長い間継続して発声することができるでしょう。

(3) 破擦音 [ts, dz, tɕ, dʑ]

破裂音から摩擦音へと変化する音です。空気を破裂するように放出した後、摩擦音に変わることから、破擦音と呼ばれます。音声表記も、破裂音と摩擦音を組み合わせて表されます。ツに現れる歯茎破擦音は[ts]、チに現れる歯茎硬口蓋破擦音は[tɕ]になります。また、語頭のザ・ズ・ゼ・ゾに歯茎破擦音[dz]が、語頭のジに歯茎硬口蓋破擦音[dʑ]が現れます。

破擦音の特徴は破裂音の破裂性と摩擦音の継続性です。破裂音で始まり摩擦音に変わることから、継続して発声することが可能となります。この特徴が音を継続できない破裂音と大きく異なるところです。

図9 破擦音

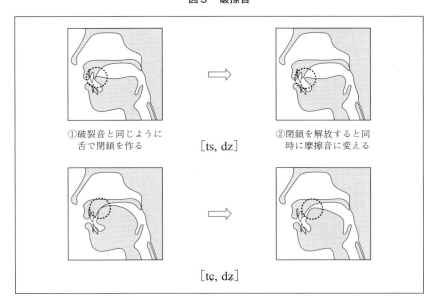

(4)鼻音 [m, n, ɲ, ŋ, ɴ]

　口腔内に閉鎖を作り、口蓋帆を緩めると、空気が鼻腔に流れ、鼻音になります。閉鎖の場所によって、両唇鼻音[m]（マ行の子音）、歯茎鼻音[n]（ナ行のナ・ヌ・ネ・ノの子音）、硬口蓋鼻音[ɲ]（ニの子音）、軟口蓋鼻音[ŋ]（ガ行鼻濁音の子音）、口蓋垂鼻音[ɴ]（語末のン）となります。[m][n][ɲ][ŋ]は「ん」を表すときにも使われます（cf. 第3章）。

図10　鼻音

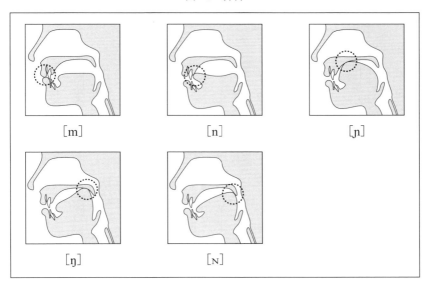

(5)はじき音 [ɾ]

　日本語のラ行子音[ɾ]は、はじき音と呼ばれます。米語の[ɹ]（辞書などでは[r]で表されます）や[l]と同じ仲間になりますが、舌をはじくようにして作られるのが特徴です。口腔内上部に舌が当たらない[ɹ]（そり舌接近音）や当たるだけではじかない[l]（歯茎側面接近音）とは異なっています。「らりるれろ」と発音してみると、舌が歯茎部に当たってすぐに離れるのがわかるでしょう。

図 11　はじき音、そり舌接近音、歯茎側面接近音

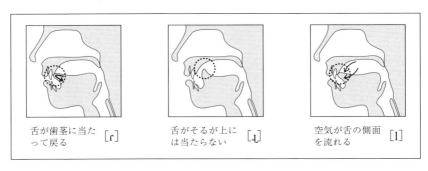

(6) 接近音 [j, ɰ]

　普通の子音と比べ、空気の流れの妨げ方が小さく、舌の位置が他の子音ほど上部に近づいていませんが、接近しているという意味で接近音と呼ばれます。空気の妨げがない母音に近い特徴を持っていることから、硬口蓋接近音 [j]、軟口蓋接近音 [ɰ] は半母音とも呼ばれます。

　[j]（ヤ行の子音）の舌の位置は硬口蓋摩擦音の [ç]（ヒに現れる音）に近い感じですが、ヒほど上部に近づいていないので、摩擦音にはなりません。また、現代日本語に [ji]（イィ）、[je]（イェ）の音は存在しないため、ヤ行はヤ・ユ・ヨだけとなっています。

　[ɰ]（ワ行の子音）の舌の形は軟口蓋側が高くなります。共通語では

図 12　接近音

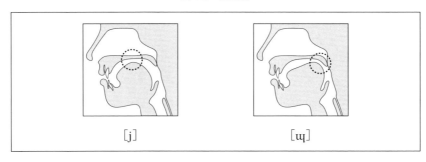

あまり唇を丸めないで発音するため[ɯ]で表され、円唇化される[w]とは区別されます。ワ以外のウィ[ɯi], ウゥ[ɯu], ウェ[ɯe], ウォ[ɯo]は、現代日本語には存在しません。ウォはヲとして文字だけが残っていますが、会話では母音のオ[o]で発音されるのが普通です。

以上、これまでに見てきた子音をまとめたものが下の表になります。

表4　日本語の子音表

調音法＼調音点		両唇	歯茎	歯茎硬口蓋	硬口蓋	軟口蓋	口蓋垂	声門
破裂音（閉鎖音）	無声	p	t			k		ʔ
	有声	b	d			g		
摩擦音	無声	ɸ	s	ɕ	ç			h
	有声		z	ʑ				
破擦音	無声		ts	tɕ				
	有声		dz	dʑ				
鼻音		m	n		ɲ	ŋ	N	
はじき音	有声		ɾ					
接近音					j	ɰ		

＊音声記号の読み方は、無声／有声、調音点、調音法の順になります。

やってみよう5

例にならって、次の音の特徴を記入し、表を完成させてください。

	音声	有声／無声	調音点	調音法
例	t	無声	歯茎	破裂
①	ɰ			
②	p			
③	dʑ			
④	ŋ			
⑤	ç			

2.2　母音

子音のように口腔内で空気の流れが妨げられることがない音です。声帯の震えによって発声されるため、すべて有声音になります。以下の母音の図は、左を向いた人間の舌の位置を表しています。舌の前後によって、**前舌母音**（まえじたぼいん）（[i][e]）と**後舌母音**（うしろじたぼいん）（[ɯ][o]）に、舌の高低によって、**高母音**（こうぼいん）（[i][ɯ]）と**中母音**（ちゅうぼいん）（[e][o]）と**低母音**（ていぼいん）（[a]）に分類されます。なお、日本語の低母音[a]には、前後の区別はありません。前舌の上は硬口蓋、後舌の上は軟口蓋の位置になります。

図 13　日本語の母音

	（硬口蓋） 前舌	中舌	（軟口蓋） 後舌	
高（狭）	i		ɯ	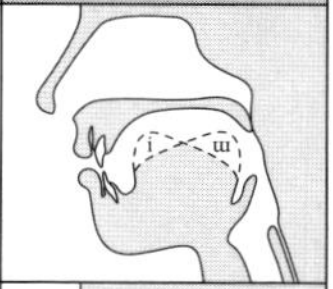
中	e		o	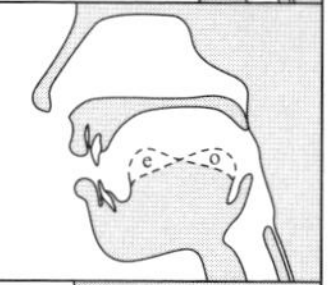
低（広）	a			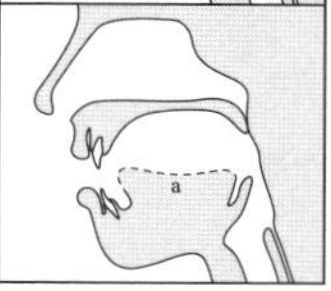

左上から前舌高母音[i]、前舌中母音[e]、低母音[a]、後舌中母音[o]、後舌高母音[ɯ]と呼ばれます。[i→e→a→o→ɯ]と息を切らないで続けて発音してみましょう。舌が高い位置から下がり、また上がるのを感じることができるでしょうか。もしこの高低差を感じることができる

とすれば、かなり舌の感覚が鋭い人であると言えます。大多数の人は舌が動いていることは感じても、高低差までは感じることはできないはずです。

　実は、母音の違いは舌の変化よりも口の開け閉めによって作られています。舌の位置が高いということは口腔内上部に近いということなり、必然的に口の開きが狭くなります。反対に、低母音では、口腔内上部との距離があるために口の開きが大きくなります。つまり、口の開閉が、舌の高低に影響するとも言えるのです。口の開閉を意識して、もう一度[i→e→a→o→ɯ]と、大きな声ではっきりと発音してみてください。閉じていた口がだんだん開き、また閉じていくのを感じることができるのではないでしょうか。

　このことから、口の開閉を基準にした分類があり、**狭母音**（高母音）・**広母音**（低母音）と呼ばれます。さらに、前舌高母音[i]は硬口蓋に、後舌高母音[ɯ]は軟口蓋に近づくことから、発音に影響を与えることがあります。たとえば、日本語ではイ段音が[i]の特徴（硬口蓋に接近）の影響を受け、硬口蓋化（口蓋化）するのが有名です。この現象については、第3章の音韻論で詳しく見ていきます。

やってみよう6

　次の特徴に当てはまる母音を例にならって記入してください。

例	高母音	[i], [ɯ]	④	後舌母音	
①	低母音		⑤	広母音	
②	中母音		⑥	狭母音	
③	前舌母音		⑦	硬口蓋に接近	

2.3　音声の50音図

　これまでに見てきた音声表記で日本語の標準的な発音を記したのが右の表6になります。ただし、実際には個人によって、状況によって、発声される音が右図とは異なる場合があります。

　たとえば、息が強く出たり、音が鼻にかかったり、母音が無声化されたりするなど、細かな違いが存在するわけです。そのような詳細な特徴は、補助記号を付け加えることで表すことが可能になります。

　これを「かかし」という語で見てみましょう。実際の会話における「かかし」の発音は、以下のような表記の可能性があります。

＜「かかし」の音声表記＞

(1) [kakaɕi]　　標準的な発音
(2) [kʰakaɕi]　「か」の息が強く出された発音
(3) [kḁkaɕi]　最初の [a] が無声化された発音

　つまり、右の音声表記は、(1)のように一字一字をはっきりと発音したときの標準的な音声であって、実際の発音を音声記号で正確に表そうとすると(2)や(3)のような音声表記になることがあるのです。

　上記の例を含め、これらの音声を表す補助記号について、日本語でよく使われるものを以下に挙げますので、参考にしてください。

表5　補助記号の例

音声の特徴	記号	例
有気（強い息）	ʰ	図書館（としょかん）[tʰoɕokaɴ]
（硬）口蓋化	ʲ	柿（かき）[kakʲi]
鼻音化	~	運営（うんえい）[ɯ̃ũei], [ɯ̃ẽei]
母音の無声化	̥	お菓子（おかし）[okaɕi̥]

第2章　音声学

表6　音声の50音図（音声表記）

あ	い	う	え	お	きゃ	きゅ	きょ
a	i	ɯ	e	o	kja	kjɯ	kjo
か	き	く	け	こ	しゃ	しゅ	しょ
ka	kʲi	kɯ	ke	ko	ɕa	ɕɯ	ɕo
さ	し	す	せ	そ	じゃ	じゅ	じょ
sa	ɕi	sɯ	se	so	(d)ʑa	(d)ʑɯ	(d)ʑo
た	ち	つ	て	と	ちゃ	ちゅ	ちょ
ta	tɕi	tsɯ	te	to	tɕa	tɕɯ	tɕo
な	に	ぬ	ね	の	にゃ	にゅ	にょ
na	ɲi	nɯ	ne	no	ɲa	ɲɯ	ɲo
は	ひ	ふ	へ	ほ	ひゃ	ひゅ	ひょ
ha	çi	ɸɯ	he	ho	ça	çɯ	ço
ま	み	む	め	も	びゃ	びゅ	びょ
ma	mʲi	mɯ	me	mo	bja	bjɯ	bjo
や	—	ゆ	—	よ	ぴゃ	ぴゅ	ぴょ
ja	—	jɯ	—	jo	pja	pjɯ	pjo
ら	り	る	れ	ろ	みゃ	みゅ	みょ
ɾa	ɾʲi	ɾɯ	ɾe	ɾo	mja	mjɯ	mjo
わ	—	—	—	（を）	りゃ	りゅ	りょ
ɰa	—	—	—	(o)	ɾja	ɾjɯ	ɾjo
が	ぎ	ぐ	げ	ご	ぎゃ	ぎゅ	ぎょ
ga	gʲi	gɯ	ge	go	gja	gjɯ	gjo
ŋa	ŋʲi	ŋɯ	ŋe	ŋo	ŋja	ŋjɯ	ŋjo

ざ	じ	ず	ぜ	ぞ	特殊音		
(d)za	(d)ʑi	(d)zu	(d)ze	(d)zo			
だ	（ぢ）	（づ）	で	ど	ん（撥音）		
da	((d)ʑi)	((d)zu)	de	do	m　n　ɲ　ŋ　ɴ　ṽ		
ば	び	ぶ	べ	ぼ	っ（促音）		
ba	bʲi	bɯ	be	bo	子音の連続　ʔ（語末）		
ぱ	ぴ	ぷ	ぺ	ぽ	ー（長音）		
pa	pʲi	pɯ	pe	po	ː		

＊ガ行音とギャ行音には破裂音（[g], [gj]）と鼻音（[ŋ], [ŋj]）の2つの音声があります。

音声を表記するときに気をつけなければならないことがあります。それは、仮名は必ずしも実際の音声を表しているわけではないということです。特に長音は文字通りに発音されません。「お父さん」「お母さん」はひらがなでは「おとうさん」「おかあさん」と書きますが、実際の発音では「とう」は「とー」、「かあ」は「かー」となります。したがって、音声表記ではおとうさん[oto:saN]、おかあさん[oka:saN]のように実際に発音される音に合わせて表記されます。

その他にも、ひらがなと発音の不一致の例はたくさんありますので、以下の問題をやりながら、その違いを確認してください。

やってみよう7

以下の日本語を実際に発音されている音の表記で表してください。なお、①には皆さんの名前を入れてください。

	単語	[音声表記]		単語	[音声表記]
①	自分の名前		⑨	科学	
②	机		⑩	時計	
③	四国		⑪	お姉さん	
④	地図		⑫	冷蔵庫	
⑤	お姫様		⑬	看板	
⑥	震える		⑭	ぐにゃぐにゃ	
⑦	自慢		⑮	茶色	
⑧	就職		⑯	よっ、元気？	

のうんちく話②

言語習得に臨界期はあるのか？

　私たちが外国語を学ぶとき、母語の習慣が邪魔をして外国語の習得が難しくなることがあります。日本人が英語を話すときに"l"と"r"の区別ができないのは、日本語では区別する必要がないために、区別する能力を失ってしまったからだと説明されます。

　これを裏づける調査も行われています。日本人の赤ちゃんは生まれてしばらくは"l"と"r"を区別できますが、生後6ケ月から1歳ぐらいの間にその能力が急速に低下することが、ワシントン大学の実験で報告されています。自分の言語にとって必要ないことを無視することで、効率よく母語を身につけていくんですね。

　このような事実から、言語の習得には年齢の制限があり、言語習得に適した時期（臨界期）を過ぎると、ネイティブのような言語能力を身につけるのは不可能になるという考えを**臨界期仮説**と呼びます。

　臨界期についてはガンやカモなどのひな鳥の後追い行動が有名です。これらのヒナは生後一定の時間内に見たものを後追いするとされ、孵化後すぐに人間の歩いている姿を見せると、人間を追って歩くようになるという実験結果も報告されています。

　言語の臨界期は遅くても12〜13歳ぐらいまでと言われ、成長による脳の可塑性の衰退や抽象的分析能力の完成、自我の確立などが自然習得を妨げる理由として取りざたされています。ただし、思春期を過ぎてからネイティブ並みの言語能力を獲得した事例もあり、臨界期仮説については、現在も熱い議論が続いています。

3．超分節素

これまで見てきた子音と母音は言語学的な単位である**分節音**として認められ、これら分節音の組み合わせで日本語の音声が成立します。しかし、この分節音だけでは表せない意味の違いが存在します。

たとえば、日本語の「雨」と「飴」の違いは分節音の組み合わせである[ame]だけでは区別することができません。この2つの意味の違いは高低アクセントによって区別されるからです。（以下、共通語の高アクセントを ̄、低アクセントを＿で表します。）

雨（あめ）　　　飴（あめ）

このような分節音以外に音声を区別する方法には、アクセントやイントネーションなどがあり、**超分節素**と呼ばれます。以下、超分節素の特徴を見ていきましょう。

3．1　アクセント
アクセントには英語のような音の強弱による**強勢アクセント**と日本語のような音の高低による**高低アクセント**、中国語のような音の抑揚による**声調**があります。それぞれの特徴を見てみましょう。

1）強勢（ストレス）アクセント
英語の一つ一つの単語には通常核となるアクセントがあり、その強弱によって英語のリズムができあがります。（以下、●→強アクセント、○→弱アクセント）

○　●　○　○　●　○　○　●
I went to the church with my friend.

このアクセントの位置によって品詞が変わることがあります。たとえば、"increase"では、アクセントが前か後ろかによって動詞か名詞かが決定されます。

（動詞）incréase（増加する）　→　後ろにアクセントがある
（名詞）íncrease（増加）　→　前にアクセントがある

強勢アクセントのようなものが文のレベルにもあり、文強勢と呼ばれます。以下の例では、(1)が通常の発話の文ですが、(2)〜(4)の文では◎の付いた語が強く発音され、意味が強調されています。日本語でも語を強く発音することで、意味が強調されます。この強調は**プロミネンス**とも呼ばれます。

(1) I introduced Hanako to Taro.「私が花子を太郎に紹介した」
(2) I introduced Hanako to Taro.「私が花子を太郎に紹介した」
(3) I introduced Hanako to Taro.「私が花子を太郎に紹介した」
(4) I introduced Hanako to Taro.「私が花子を太郎に紹介した」

2）高低（ピッチ）アクセント

これに対し、日本語の高低アクセントでは、個々の単語のモーラ音（通常、仮名1文字）に高低が存在しています。

母の手袋は皆の贈り物だ（ははの　てぶくろは　みなの　おくりものだ）
　　　　　　　　　　　　　①　　　②　　　　③　　　④

このような音の高低によって、日本語は成り立っていますが、この高低音の組み合わせには、①から④の基本パターンがあります。

① 頭高型

最初の音が高く、以降の音が低くなるパターンです。その後に続く助詞も低いままです。

② 中高型

最初の音が低く、以降の音が高くなり、単語の途中でまた下がるというパターンです。その後に助詞などが来ても低いままです。

③ 尾高型

最初の音が低く、それ以降は高いままで続くパターンですが、後ろに助詞などが来ると下がります。

④ 平板型

平板型は最初の音は低く、それ以降は高いままで、後ろに助詞などが来ても、高いピッチは変わりません。

表7　日本語のアクセント・パターン

パターン	高低アクセント	例	
①頭高型	‾‾‾＿＿（＿）	う̄み（が）	テ̄レビ（が）
②中高型	＿‾‾‾＿（＿）	おか̄し（が）	みず̄うみ（が）
③尾高型	＿‾‾（＿）	いぬ̄（が）	おんな̄（が）
④平板型	＿‾‾（‾）	とり̄（が̄）	つくえ̄（が̄）

　上の①から③のパターンをまとめて、**起伏型**と呼び、④の平板型と区別しています。③尾高型と④平板型は語のアクセントでは同じですが、その後に続く助詞などの音の高低によって、区別されます。

　このような高低アクセントがあることで、同音異義語の区別がなされます。たとえば、「はし」には、橋、端、箸の3つの意味がありますが、

このパターンで違いを区別することができます。

(1)橋が短い／は̄しが　みじかい　→　③尾高型
(2)端が短い／は̄しが　みじかい　→　④平板型
(3)箸が短い／は̄しが　みじかい　→　①頭高型

「橋」と「端」は単語のレベルでは同じアクセントですが、その後に続く助詞の音の高低によって、尾高型と平板型に分かれます。
　次の文は高低アクセントによって、3種類の意味解釈を受けますが、皆さんはその違いを聞き分けることができるでしょうか（日本人でも地域によってはアクセントが異なることがあります）。

(1)庭にはニワトリがいる　（にわ̄にわにわ̄とりがい̄る）
(2)庭には2羽鳥がいる　（にわ̄にわに̄わ̄と̄りがい̄る）
(3)2羽庭には鳥がいる　（に̄わにわ̄にわ̄と̄りがい̄る）
（＊ただし、早く発音すると「い̄る」は「いる̄」になります。）

やってみよう 8

次の単語の高低ピッチを線で表し、①頭高型、②中高型、③尾高型、④平板型のどのパターンになるか答えてください。

(1)先生　　　せ ん せ い　　（　　　　）
(2)故郷　　　ふ る さ と　　（　　　　）
(3)傘　　　　か さ　　　　　（　　　　）
(4)毛皮　　　け が わ　　　　（　　　　）
(5)弟　　　　お と う と　　（　　　　）

3）声調（トーン）

　アクセントには、強勢アクセントと高低アクセントの他に、声調と呼ばれる音の上がり下がりによる意味の区別があります。中国語（普通話）には4種類のパターンがあり、語の意味の決定において重要な役割を担っています。たとえば、「マー」という単語は上がり下がりのパターンによって以下の4種類の声調に分かれます。

図14　中国語（普通話）の声調

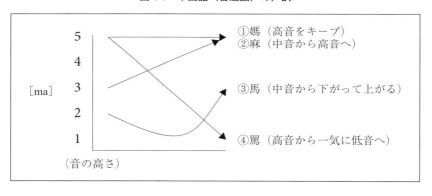

　同じ「マー」でも声調によって、①媽（ママ）、②麻（しびれる）、③馬、④罵（叱る）という異なる意味に区別されるんですね。

表8　中国語の声調（音声表記）

声調	声調符号	表記	似ているイントネーション
①第一声	ˉ	mā	元気よく「はーい」
②第二声	ˊ	má	驚いて「ええっ？」
③第三声	ˇ	mǎ	落胆して「あーあ」
④第四声	ˋ	mà	カラスが「カァ」

＊表記はIPAではなく中国語独自の拼音（ピンイン）で表しています。

以上、3種類のアクセントを見てきましたが、世界の言語を見渡すと、強勢アクセントは英語、ドイツ語、ロシア語、イタリア語、スペイン語などのヨーロッパの言語に多く見られます。高低アクセントは日本語の他には、韓国語の慶尚道方言や古典ギリシャ語、ラテン語、スウェーデン語、セルビア・クロアチア語、リトアニア語などに見られます。スウェーデン語やノルウェー語（の一部）のように強勢アクセントとともに高低アクセントをもつものもあります。声調言語は中国語を始め、タイ語、ベトナム語、チベット語、アフリカ諸語、アメリカ・インディアン諸語、ニューカレドニア諸語など、広範囲に分布しています。

3.2　イントネーション

　アクセントが単語のレベルでの抑揚の変化であるのに対し、文レベルの抑揚の変化が**イントネーション**となります。音を上げたり下げたりすることによって、文の調子を整えます。日本語の文末のイントネーションは一般的に平叙文は平調、疑問文は上昇調、驚きや確認のニュアンスを表すときは下降調になります。

　　もう宿題をやった　　→　平叙文（平調）
　　もう宿題をやった？　→　疑問文（上昇調）
　　もう宿題をやったの　→　驚き・確認（下降調）

　イントネーションによる意味の変化は、日本語より英語のほうが大きいと言えます。たとえば、"He is a great player" は、以下の4通りのイントネーションで発音することができます。

(1) He is a great player.
(2) He is a great player!

(3) He is a great player?

(4) He is a great player, but ...

　(1)の文は平叙文で、"great player"である事実を淡々と述べています。(2)の文は"great player"であることを驚きの気持ちで伝えています。(3)は上昇調のイントネーションで"great player"に対する疑問の念を表しています。(4)では、"great player"であることは認めつつ、その他の面があるというニュアンスを伝えています。

やってみよう9

　「そうですか」は様々な意味を伝えます。以下の下線部は、①上昇調(そうですか)の「疑問」、②弱い下降調(そうですか)の「あいづち・了解」、③強い下降調(そうですか)の「驚き」のどれに当たるでしょうか。

(1)（　）小学校の先生が間違った回答をした生徒に対し、「そうですか。もう一度考えてみて」と言った。

(2)（　）先生を飲み会に誘ったところ、「用事があって参加できない」と言われ、「そうですか。わかりました」と答えた。

(3)（　）「うちの部署から出したダメもとの企画が会議で大絶賛され、今度商品化されることになった」と上司から聞き、「えー、そうですか。それはすごいですね」と答えた。

(4)（　）「あの政治家がまた問題発言をしたよ」と聞いて、「そうですか。もういい加減にしてほしいですね」と言った。

第2章のまとめ 「音声学」

1．音声学とは
1．1　音声学の種類　(1)調音音声学　(2)音響音声学　(3)聴覚音声学
1．2　音声の表記　国際音声記号（IPA）
1．3　発声の仕組み　肺→気管→喉頭（声門）→口腔／鼻腔
1．4　声帯の働き　4とおりの開閉度合
1．5　音声の種類　①有声音と無声音　②子音と母音

2．日本語の音声の特徴
2．1　子音
　1）調音点による分類　(1)両唇音［p, b, m, ɸ］
(2)歯茎音［t, d, ts, dz, n, ɾ, s, z］　(3)歯茎硬口蓋音［tɕ, dʑ, ɕ, ʑ］
(4)硬口蓋音［ɲ, ç, j］　(5)軟口蓋音［k, g, ŋ, ɯ］　(6)口蓋垂音［ɴ］
(7)声門音［ʔ, h］
　2）調音法による分類　(1)破裂音（閉鎖音）［p, b, t, d, k, g, ʔ］
(2)摩擦音［ɸ, s, z, ɕ, ʑ, ç, h］　(3)破擦音［ts, dz, tɕ, dʑ］
(4)鼻音［m, n, ɲ, ŋ, ɴ］　(5)はじき音［ɾ］　(6)接近音［j, ɯ］

2．2　母音
(1)［i］前舌高母音（狭・硬口蓋）　(2)［e］前舌中母音
(3)［a］低母音（広）　(4)［o］後舌中母音
(5)［ɯ］後舌高母音（狭・軟口蓋）

2．3　音声の50音図

3．超分節素
3．1　アクセント
　1）強勢（ストレス）アクセント　2）高低（ピッチ）アクセント
①頭高型：￣＿　②中高型：＿￣＿　③尾高型：＿￣（＿）　←起伏型
④平板型：＿￣（￣）　3）声調（トーン）
3．2　イントネーション（文のレベルでの抑揚）

総合問題2

　日本語の文字体系は世界の言語と比べて著しく異なる特性を有しています。なぜなら、漢字、ひらがな、カタカナの3種類の文字をもっているからです。このことが日本語を勉強する外国人にとって大きな負担になっているのは、誰もが知るところでしょう。では、なぜ日本語には3種類の文字体系が存在するのでしょうか。

　文字のなかった①日本に中国から漢字が伝わったのは4世紀末から5世紀初めの頃だと言われています。当初は中国の漢字・漢文を学習し、中国語を読みこなすことで中国の進んだ文化を吸収することが主な目的でしたが、次第に漢字を取り入れながら日本語を表現しようと試みるようになりました。しかし、それには大きな困難が待ち受けていました。中国語と日本語の間には言語的相違があり、漢字をそのまま日本語に取り入れることができなかったからです。たとえば、②日本語の音節構造は母音で終わる開音節であるのに対し、中国語には子音で終わる閉音節も存在しました。そのため、③子音で終わる語の発音には母音を添えて、開音節にする工夫が必要でした。さらに、孤立語である中国語に対し、膠着語の日本語には中国語では必要とされない助詞や、述語の変化を表す活用語尾などの機能語が数多く存在し、それらを表す漢字が存在しませんでした。そこで日本人が考えたのが、一部の漢字を表音文字として利用し、機能語などにあてがうことでした。これが万葉仮名のはじまりです。その後、④この万葉仮名の草書体が変化して「ひらがな」となり、万葉仮名の一部が切り取られ、「カタカナ」となりました。こうして⑤現在の文字体系の原型が完成したのです。

　現在では、漢字は主に名詞や動詞などの実質的な意味内容をもつ内容語に、ひらがなは助詞・助動詞などの文法的な役割を担う機能語に、⑥カタカナは外来語や外国の地名、人名などに使われています。

問1　下線部①に関し、日本の歴史について漢字で書かれた日本最古の書物はどれでしょうか。
a. 古事記　　　b. 日本書紀　　　c. 万葉集　　　d. 魏志倭人伝

問2　下線部②に関し、現在の日本語には閉音節で終わる語も存在しますが、それを次の中から1つ選んでください。
a. 結婚　　　b. 学校　　　c. 約束　　　d. まんじゅう

問3　下線部③に関し、もっとも当てはまる事実を1つ選んでください。
a. ひらがなの「あ[a]」は「安」という漢字をくずして作られた。
b.「峠[toːge]」は日本人が独自に作り出した漢字である。
c. 海には「うみ[ɯmi]」と「かい[kai]」という読み方がある。
d. 漢字の白[pak]は日本語では「ぱく[pakɯ]」や「はく[hakɯ]」と発音されるようになった。

問4　下線部④に関し、このようなひらがなとカタカナが成立したと思われる時代を次の中から選んでください。
a. 大和時代　　　b. 奈良時代　　　c. 平安時代　　　d. 鎌倉時代

問5　下線部⑤に関し、現代日本語での、漢字と仮名を併用する表記スタイルを何と呼びますか。
a. 漢字仮名交じり文　　　　　b. 漢字ひらがなカタカナ文
c. 漢文訓読文　　　　　　　　d. 和漢混交文

問6　下線部⑥に関し、外来語であるものを1つ選んでください。
a. チラシ　　　b. キノコ　　　c. カン　　　d. バラ

第3章
音韻論

第3章　音韻論

キーワード

1．音韻論とは
■ トゥルベツコイ　☐ 音素　☐ 同化現象　☐ 音韻規則　☐ 異音
☐ 条件異音　☐ 相補分布　☐ （硬）口蓋化　☐ ミニマル・ペア（最少対）

2．日本語の音素
☐ 自由異音　☐ 自由変異　☐ 有気音　☐ 円唇化　☐ 音素表記

3．母音の無声化
☐ 無声化　☐ 促音便化

　第2章で音声について概観しましたが、音声の最小単位（母音・子音）は単独で用いられることはほとんどありません。他の音と連続して使われるのが普通ですが、異なる調音点と調音法の音が連続して発声されると、そこには様々な音韻現象が起きることになります。これらの現象にはある一定の規則性が存在します。音韻論は、そのような音韻の規則性を理論的に説明する研究分野です。

　音韻論で一番重要なキーワードが音素です。音素という音の概念を設定することで、言語によって異なる音韻現象を統一的に説明することが可能になります。この音素は構造主義言語学のプラーグ学派によって厳密に規定されました。その代表的な言語学者の一人がロシアの**トゥルベツコイ**です。

　第3章では、この音素を中心に、音声によって生じる日本語の様々な音韻現象を見ていくことにします。

1．音韻論とは

　音韻論とは、音声をその機能によってグループ（音素）に分類したり、音声の連続によって生じる音韻現象を規則にまとめたりする研究分野です。言語によって異なる音韻現象を、統一した理論で説明することで、自言語だけでなく他言語の特徴を理解することが可能になります。

1．1　音素の概念
　音韻論で一番重要な概念は**音素**です。音素はこれまでに見てきた様々な音をその機能によってまとめたものです。
　たとえば、「ん」は日本語の音素の一つです。日本語の母語話者はすべての「ん」が同じ音声だと思っていますが、実際は異なる音声で構成されています。このことを一緒に確認してみましょう。まず、次の日本語を音声表記で表してください。

(1)散歩（さんぽ）　　［　　　　　　］
(2)粘土（ねんど）　　［　　　　　　］
(3)金庫（きんこ）　　［　　　　　　］

「ん」をどのように表記するか迷ったかもしれませんね。第2章で紹介した50音図の音声表記には「ん」には複数の音が記載されています。正解は、「さんぽ[sampo]」、「ねんど[nendo]」、「きんこ[kʲiŋko]」となります。つまり、「ん」は、音声としては[m]や[n]や[ŋ]になるということです。なぜ「ん」がこのように異なる音になるのか納得がいかない人もいるかもしれませんね。もう少し詳しく説明しましょう。
　「散歩（さんぽ）」の「ん」がなぜ[m]になるのでしょうか。実際に発音して確かめてみましょう。「さんぽ」と発音するつもりで、「さん」で

ストップしてください。そのときの唇の状態はどうなっているでしょうか。次の「ぽ」を発音するために、両唇が閉じていませんか。口を閉じたまま「ん」を発音すると、その音は両唇鼻音[m]になります。同様に、「ねんど」と発音するつもりで、「ねん」で止めてください。今度は両唇は開いていますが、「ど」を発音するために舌が歯茎部に当たっていますね。歯茎部に舌を付けたまま「ん」を発音すると歯茎鼻音[n]になります。「きんこ」はどうでしょうか。「きんこ」を発音するつもりで「きん」と言うと、両唇は開いたまま舌が軟口蓋の辺りで盛り上がっています。そのときの「ん」は軟口蓋鼻音である[ŋ]になるわけです。

　同じ音声であると思われている「ん」ですが、実は「ん」が現れる環境によって、[m]または[n]、あるいは[ŋ]として発音されるわけです。つまり、「ん」の実際の音は、[m]や[n]や[ŋ]の音であり、これらの音の特徴をすべて含む「ん」という音声表記は存在しないことになります。

　しかし、それぞれの音声表記は違っても、私たちはこれらの音をひらがなで「ん」と書くし、同じ音であるという感覚をもっています。つまり、私たちはこれらの「ん」を同じ音のつもりで発音していますが、周りの環境によって変化を受け、実際は無意識のうちに異なる音で発音しているんですね。環境によって変化しても「同じ音」と捉えられる音を一つのグループとしてまとめたものが「音素」になるわけです。したがって、音素は具体的な一つ一つの音声ではなく、異なる音声をまとめたグループ名のようなものになります。その意味で私たちの頭の中に存在する抽象的な音の概念であると言えるのです。

　音韻論では、この「ん」を /N/ という記号で表します。音素 /N/ は、それが現れる環境によって、[m]や[n]や[ŋ]になると説明します。音声が現実に発話された具体的な音であるのに対し、音素は、理論上の単位であるという点で、音声と音素の関係はソシュールの唱えたパロールとラングの関係に似ていると言えます。（→ pp.13-15）

1.2 条件異音と相補分布

ここまで見てきた鼻音である音素 /N/ が 3 つの異なる音として現れるプロセスをまとめると、以下のようになります。

図 15 /N/ の異音

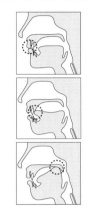

(1) さんぽ [sampo]：両唇音 [p] の前では、その準備として唇を閉じるため、両唇鼻音 [m] になる。

(2) ねんど [nendo]：歯茎音 [d] の前では、その準備として舌が歯茎に当たり、歯茎鼻音 [n] になる。

(3) きんこ [kʲiŋko]：軟口蓋音 [k] の前では、その準備として舌が軟口蓋に当たり、軟口蓋鼻音 [ŋ] になる。

このように、音素 /N/ がその後に続く音の素性（特徴：ここでは調音点）の影響を受けることを**同化現象**と呼びます。音素 /N/ が異なる音声として現れるプロセスを**音韻規則**として表すと次のようになります。

/N/　→　[m]　／　___　[p], [b], [m]
　　　→　[n]　／　___　[t], [d], [ts], [dz], [n], [ɾ]
　　　→　[ŋ]　／　___　[k], [g], [ŋ]

上の例では、音素はスラッシュ / / で囲み、実際に現れる音声は「→」の右側にブラケット [ ] で表されます。「／」の後にある「___」が音声の現れる位置を表します。「/N/ → [m]」の例で説明しますと、/N/ が [p]、[b] または [m] の直前「___」の位置に現れるとき、その /N/ は [m] になるということを示しています。

この音韻規則によって、日本語の音素 /N/ は歯茎音[t, d, ts, dz, n, r]の前では歯茎鼻音、両唇音[p, b, m]の前では両唇鼻音、軟口蓋音[k, g, ŋ]の前では軟口蓋鼻音になることがわかります。

音韻論では、音素 /N/ がもつ異なる音声（ここでは、[m][n][ŋ]）を**異音**と呼びます。これらの異音は、ある決まった環境において必ず現れることから**条件異音**と呼ばれます。[m], [n], [ŋ]はそれぞれの環境だけに現れ、決して他の環境に現れることはありません。このように音声の出現がきっちりとすみ分けられている状況を「**相補分布をなす**」と言います。日本語の異音の現れは、相補分布となることが多いと言えます。

最後に、音素の概念をもう一度まとめます。同じ音と認識される音でありながら、環境によって異なって現れるものを一つの音のまとまりとして表したのが音素です。その意味で音素は異音の代表名のような存在になります。

/音素（代表名）/ ⎰ ［異音①］／＿＿［Ａという環境］
　　　　　　　　｛［異音②］／＿＿［Ｂという環境］
　　　　　　　　⎱ ［異音③］／＿＿［Ｃという環境］

ここまでの説明で音素という概念がおわかりいただけたでしょうか。もしまだよくわからないという人には、「怪人二十面相」を例に説明しましょう。少し古くて申し訳ありませんが、江戸川乱歩の探偵小説に出てくる「怪人二十面相」はまさにこの音素のような存在です。「怪人二十面相」は世間の人が付けた架空の名前で、あるときは警察官に、あるときは医学博士に、また、あるときは銀行員などに変装して現れますが、これらの人物が同時に現れることは決してありません。「怪人二十面相」と呼ばれる人物と、実際に変装した姿との関係はまさに音素と異音との関係と同じになるわけです。

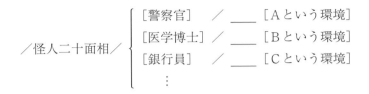

理論上の単位である音素と実際に音として存在する異音との関係を理解していただけたでしょうか。ところで、音素に使われる記号は何でもいいのですが、異音の中から一番基本的な音とされるものが使われるのが一般的です。これまでに見た /N/ は撥音という特殊音素であるため大文字が使われていますが、その他では通常小文字が使われます。

やってみよう10

音素 /N/ の3つの異音の具体例を考えましょう。例にならって、①〜⑦にそれぞれの環境に現れる異音が入った単語を記入してください。

音素	異音	異音の環境	異音が現れる具体例
/N/	両唇鼻音 [m]	[p]の前	①
		[b]の前	トンボ[tombo]
		[m]の前	②
	歯茎鼻音 [n]	[t]の前	本当[honto:]
		[d]の前	③
		[n]の前	みんな[mʲinna]
		[ts]の前	④
		[dz]の前	ポン酢[pondzu]
		[ɾ]の前	⑤
	軟口蓋鼻音 [ŋ]	[k]の前	⑥
		[ŋ]の前	マンガ[maŋŋa]
		[g]の前	⑦

1.3 日本語の音素の例

撥音 /N/ 以外の音素の例を見ていきましょう。第 2 章「音声学」で見た 50 音図を思い出してください（→ p.53）。ところどころ変わった音声記号があったのを覚えていませんか。たとえば、サ行の音を見てください。シだけ他とは異なる音声表記でしたね。その理由を音素と条件異音の関係で説明することができます。

サ行の音声表記は、サ[sa], シ[ɕi], ス[sɯ], セ[se], ソ[so]となり、[s]とは異なる[ɕ]の音は[i]の前だけに現れることがわかります。これを撥音 /N/ と同じように音韻規則で表してみましょう。音素記号は一番基本的な音である[s]を使って、/s/ で表すことにします。

/s/ → [s] ／ ＿＿ [a], [e], [o], [ɯ]
　　 → [ɕ] ／ ＿＿ [i]

ここで、なぜ音素 /s/ は[i]の前だけ[ɕ]になるのか考えてみましょう。通常、サ行音は歯茎摩擦音[s]として現れますが、[i]と一緒に発音されると舌が少し後ろにずれ、歯茎硬口蓋摩擦音[ɕ]に変わります。[i]は高母音で硬口蓋に近い（→ p.50）ため、[s]はその影響を受けるわけです。図 16 で両者の舌の位置の違いを確認してください。

図 16 /s/ の異音

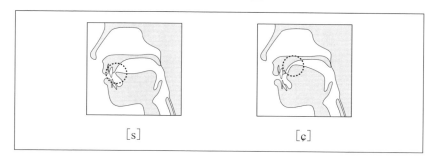

[s] 　　　　　　　　[ɕ]

この現象は先に見た同化現象として説明できます。歯茎音がその後に続く硬口蓋の[i]に同化し、歯茎硬口蓋音に変化すると考えることができるからです。日本語の子音は基本的にイ段（[i]が伴う音）では、硬口蓋化することが知られています。音声の50音図（→ p.53）をもう一度見てください。イ段だけ音声表記が変わっているのがわかりますね。用語としては**口蓋化**または**硬口蓋化**と呼んでいます。口蓋化は日本語の音韻システムの特徴と言っていいでしょう。

もう一つ、音素の例を見てみましょう。今度はハ行です。ハ行の音は、ハ[ha], ヒ[çi], フ[ɸɯ], ヘ[he], ホ[ho]と表記されます。そうすると、ハ行には3つの異なる音声があることがわかります。[h]が基本的な音であるので音素の記号として使うと、以下のような音韻規則で表すことができます。

/h/ → [h] ／ ＿＿ [a], [e], [o]
　　→ [ç] ／ ＿＿ [i]
　　→ [ɸ] ／ ＿＿ [ɯ]

音素 /h/ は通常は声門摩擦音[h]です。声門を空気が流れることで、摩擦音が発生し、それが[h]の音になるわけです。ところが、[i]と一緒に発音すると、舌が硬口蓋に近づきます。そこを空気が流れることで、声門ではなく硬口蓋で息が擦れる音がするんですね。その音が硬口蓋摩擦音[ç]になります。ひそひそ声でハとヒを発音して音が出る場所を確認してください。息が擦れる場所が違っているのに気づくでしょう。

次に、[ɯ]の前で生じる両唇摩擦音[ɸ]について説明します。後に続く[ɯ]は軟口蓋の辺りで調音する音です。[i]によって硬口蓋化が生じたように、[ɯ]によって軟口蓋化が起こりそうですが、軟口蓋と[ɯ]の舌との間には少し距離があるため、通常は影響を受けることはありません。

その代わり、[ɯ]には狭母音というもう一つの特徴があります（→ p.51）。口を狭く開け、やや唇を突き出すようにして発声します。このため、「ふ」と言うとき、唇のすきまで空気が擦れ、両唇摩擦音[ɸ]が生じるんですね。フを発音して空気が唇に当たるのを感じてください。[h], [ç], [ɸ]の断面図を以下に示しますので、これらの調音点の違いを確認してみましょう。

図17　/h/ の異音

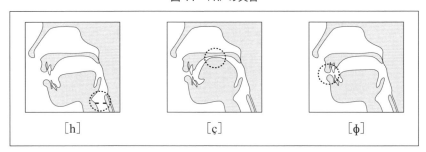

このように、音韻規則で表すことによって、日本語の音韻現象を体系的に考察することが可能になるわけです。

やってみよう11

日本語のタ行音について、音素 /t/ を設定し、そこに現れる異音（[t], [tɕ], [ts]）を音韻規則にまとめてください。

1.4　音素の見つけ方

　音素は言語を構成する基本的な単位であり、音素の違いが意味の違いを生みます。音声が異なっていても同じ音素に属する場合、意味的な相違は生じません。たとえば、/s/ の異音である [s] と [ɕ] は同じ音素であるため、意味の違いは生じません。

　(1) お菓子 [okaɕi] − [okasi]

「お菓子をちょうだい」と言うとき、「オカシ [okaɕi]」ではなく、「オカスィ [okasi]」と発音しても、相手は変な発音だと感じることはあっても、「お菓子」とは異なる他のものであるとは思わないでしょう。これは、[ɕ] も [s] も同じ音に属すると認識しているからです。
　反対に、音素が異なる場合、たとえ音声的に似通っていても、異なる意味として捉えられます。

　(2) 柿 [kakʲi] − 鍵 [kagʲi]

　軟口蓋破裂音である [kʲ] と [gʲ] の違いは無声音か有声音かの違いです。調音点も調音法も同じです。しかし、「台所にカギがある」と言って、「鍵」ではなく「柿」があると理解する人はいないでしょう。このように [kʲ] と [gʲ] の違いが両者の意味の違いを生んでいることから、この2つの音声は異なる音素に属すると考えられるのです。
　これらのことから、音声が1つだけ違う意味の異なる2つの単語を見つけることが、音素を見つける手段の一つとなります。このような単語のペアのことを、**ミニマル・ペア（最小対）**と呼びます。ミニマル・ペアを探すことで、その言語における音素を検証することができるのです。

表9 日本語のミニマル・ペア

	ミニマル・ペアの例		対立する音
①	知る [ɕiɾɯ]	散る [tɕiɾɯ]	[ɕ] ⟷ [tɕ]
②	無視 [mɯɕi]	串 [kɯɕi]	[m] ⟷ [k]
③	いす [isɯ]	おす [osɯ]	[i] ⟷ [o]

　行く [ikɯ] と聞く [kʲikɯ] のような音声の数が異なる場合は原則としてミニマル・ペアとなりませんが、特殊音素だけは例外です。本書では、促音（っ）と長音（ー）と撥音（ん）の3つを特殊音素に認めています。表10で、特殊音素の有無によって意味が異なるミニマル・ペアを確認してください。

表10 特殊音素のミニマル・ペア

	ミニマル・ペアの例		理由
①	いた [ita]	言った [itta]	促音の有無による意味の違い
②	里 [sato]	砂糖 [satoː]	長音の有無による意味の違い
③	蛾 [ga]	癌 [gaɴ]	撥音の有無による意味の違い

やってみよう 12

　例にならって、日本語のミニマル・ペアを3つ探し、表の中に記入してください。

	ミニマル・ペア		対立する音
例	食べる [tabeɾɯ]	しゃべる [ɕabeɾɯ]	[t] ⟷ [ɕ]
①			
②			
③			

雑学のうんちく話③

いっこく堂の"舌唇音(ぜっしんおん)"

　皆さんは子どもの頃に両手の人差し指を口に入れて両端を引っ張ったまま「学級文庫」って言ってごらんと質問する遊びを経験したことはありませんか。そのまま言うと「がっきゅううんこ」になって大笑いされた人も多いかもしれません。口を引っ張ることで両唇音であるバ行が発音できず、ブがウになってしまうんですね。

　腹話術の世界でも長い間、口を動かさないでパ行・バ行・マ行を発音するのは不可能だと言われてきました。日本語の両唇音は母音とともに発音され、両唇を一度閉じてから唇を開けないと発声できません。腹話術ではこれらの音を歯茎音であるタ行・ダ行・ナ行でごまかして演技してきました。しかし、いっこく堂の玉城一石さんはこの常識を根底から覆したのです。いっこく堂の腹話術の実演では口を動かさないでこれらの音がきれいに発音されているからです。

　玉城さんが考えたテクニックは驚くべきものです。それは下唇の代わりに舌を使うというものでした。舌を前歯の前にもっていき上唇と舌で閉鎖を作り、そこで両唇音のような音を発声したのです。こうすれば、唇を動かさなくても「がっきゅうぶんこ」と発音することができます。玉城さんは腹話術を始めて3年目にこの方法を見つけ、その後4年間かけてお客さんにわからないように口の中で発声するテクニックを身につけたそうです。

　玉城さんの常識にとらわれない発想とそれを支える努力が今日のいっこく堂の大成功につながっているのです。

2. 日本語の音素

　私たちが日本語を発声するとき、その音を正確に表記するための道具が音声記号です。この音声記号によって、同じ語の発音でも、個人個人の微妙な違いを表すことが可能になります。これに対して、個々の違いを捨象してその言語の音韻体系を構築するために考案された概念が音素です。以下では、これまで見てきた音素と音声の関係を日本語の音韻体系の中で見てみましょう。

2.1　日本語の音素と異音

　日本語にいくつの音素を設定するかは研究者によって意見が異なりますが、ほとんどの分析が22～24個の間です。本書では子音14個、特殊音素3個、母音5個の合計22個の音素で説明します。次頁の表は日本語の音素と、異音（基本的なもののみ）の例です。日本人が頭の中で考える音（音素）と実際に音声として発音される異音との関係を理解してください。自由異音については、次項で説明します。

　最初に触れたように、音素は理論的な単位であるため、研究者によって、音素の認定が異なる場合があります。たとえば、本書ではタ行音について、[ta], [tɕi], [tsɯ], [te], [to]と表し、音素 /t/ と異音[t], [tɕ], [ts]を設定しました。この分析の背景には、ティ [ti] やトゥ [tɯ] は日本語の音声としては認めないという考えがあります。

　しかし、最近では外来語の普及によってこれらの発音も珍しくなくなってきました。「ジャスミンティー」や「タトゥー」などがそのような例です。これらの音を日本語の音声として認める立場に立つと、タ行音はすべて無声歯茎破裂音である[t]に統一され、タ[ta], ティ[ti], トゥ[tɯ], テ[te], ト[to]で表せるわけです。

　そうすると、チ[tɕi]とツ[tsɯ]をどのように扱うかという問題が生じますが、これらの音は新たに破擦音の音素 /c/ を設定して、その異音で

表 11　日本語の音素と異音

	音素	異音の例	
		条件異音の例	自由異音の例
1	/p/	[p], [pʲ]	[pʰ]
2	/b/	[b], [bʲ]	[β]
3	/t/	[t], [tɕ], [ts]	[tʰ]
4	/d/	[d]	
5	/k/	[k], [kʲ]	[kʰ]
6	/g/	[g], [gʲ]	[ŋ], [ɣ]
7	/s/	[s], [ɕ]	
8	/z/	[z], [ʑ]	[dz], [dʑ]
9	/n/	[n], [ɲ]	
10	/h/	[h], [ç], [ɸ]	[ɦ], [x]
11	/m/	[m], [mʲ]	
12	/r/	[ɾ], [ɾʲ]	[l], [r]
13	/y/	[j]	
14	/w/	[ɰ]	[w]
15	/N/	[m], [n], [ɲ], [ŋ], [ɴ], [ṽ]	
16	/Q/	[p], [t], [s], [ɕ], [k], [ʔ]	
17	/R/	[ː]	
18	/a/	[a]	[ḁ]
19	/i/	[i]	[i̥]
20	/u/	[ɯ]	[u], [ɯ̥]
21	/e/	[e]	[e̥]
22	/o/	[o]	[o̥]

あるという分析をします。/c/ の行はツァ [tsa], チ [tɕi], ツ [tsɯ], ツェ [tse], ツォ [tso] とするわけです。ツァは「モーツァルト」、ツェは「フィレンツェ」、ツォは「カンツォーネ」などの外来語で使われますが、日

本語でも「おとっつぁん」や「ごっつぉーさん」などの表現で使われることもあります。

しかし、音素 /c/ を認めるとタ行をすべて[t]で説明できる反面、活用の面で、[t]で終わる動詞の語幹が[i]と[ɯ]の前では異なる音素になってしまうという矛盾が生じます。「立ち」「立つ」は /tac-i/, /tac-u/ と表さなければならず、「立たない」「立てば」「立とう」は /tat-anai/, /tat-eba/, /tat-oR/ となり、「立つ」という動詞の語幹が /tac-/ と /tat-/ という2つの形式になるのは合理的ではありません。50音図のタ行が「タ、ティ、トゥ、テ、ト」となるのも不自然です。

その他にも、促音や長音を音素に認めるかどうかという点で、研究者の間に議論が存在します。本書では、学習者にとって理解しやすいという観点から、[tɕ]と[ts]は /t/ の異音とし、促音や長音も音素として認める立場で説明します。

表の中の撥音 /N/ の異音について、この章の初めに説明したのは[m]、[n]、[ŋ]だけでしたが、歯茎硬口蓋音の前では硬口蓋鼻音[ɲ]になります（例：完治（かんち）[kaɲtɕi]など）。また、語の最後では口蓋垂鼻音[ɴ]になります（例：ミカン[mʲikaɴ]など）。さらに、母音と摩擦音と接近音[j]、[ɯ]の前では、鼻音化された[ã][ĩ][ũ][ẽ][õ]（鼻母音）で表されます。どの鼻母音で発音されるかは、様々な場合が考えられます。そのため、本書では[ṽ]で鼻母音を示すことにします（例：恋愛（れんあい）[reṽai]、関西（かんさい）[kaṽsai]、今夜（こんや）[koṽja]など）。

2.2 自由異音と自由変異

これまで見てきた音素と異音の関係は、同じ音素に所属する異音がそれぞれ現れる分布を分けあって、補完する関係にありました（相補分布）。このような異音を条件異音と呼びました。条件異音が出現する環境はすべて決まっているので、音韻規則で表すことができます。

これに対し、不規則に現れる異音があります。このような異音は、同じ環境であっても現れたり、現れなかったりします。つまり、どこに現れるかわからない異音ということになります。このような異音を、**自由異音**と呼び、そのような環境を「**自由変異をなす**」と言います。

表 11 の上から 2 番目の両唇摩擦音 [β] の例から説明しましょう。バ行の音は両唇破裂音であり、[ba][bʲi][bɯ][be][bo] と表され、[b] と [bʲ] の 2 種類の条件異音があります。これを音韻規則で表すと、

　　/b/　→　[b]　/ ＿＿　[a], [ɯ], [e], [o]
　　　　→　[bʲ]　/ ＿＿　[i]

となります。ところが、バ行の音が語中で使われると、しばしば両唇摩擦音 [β] になることが知られています。「歌舞伎（かぶき）」や「吹雪（ふぶき）」を無造作に発音すると [kaβɯkʲi] や [ɸɯβɯkʲi] という発音になるからです。しかし、[β] はいつも出現するとは限らないため、条件異音ではありません。そのときの状況によって出現したり出現しなかったりするのです。

　　/b/　→　[β] ／条件は決まっていない　→　自由異音

その他にも、無声破裂音 /p/, /t/, /k/ の発音において息が強く出ることがあります。このような音は**有気音**と言い、[pʰ], [tʰ], [kʰ] で表されます。「パソコン」や「天気」や「悔しい」といった単語の語気を強めると、語頭の破裂音が有気音（[pʰasokoɴ] や [tʰeŋkʲi] や [kʰɯjaɕiː]）になりますが、これも自由異音です。

/g/ は語頭では軟口蓋破裂音 [g] となりますが、語中では軟口蓋鼻音である [ŋ] になることが知られています。たとえば、助詞の「が」は単独

で発音すると[ga]ですが、「私が」のように名詞とともに使われると、鼻音化された[ŋa]になります。ただ、地域や年代によって異なるため、自由異音となりますが、研究者によっては両者を異なる音素とする考えもあります。もう一つの自由異音[ɣ]は語中で摩擦音になるもので、怪我（けが）[keɣa]や鏡（かがみ）[kaɣamʲi]などの発音に見られます。

/z/ の歯茎摩擦音[z]は語頭では、ざる[dzaɾɯ]や絶交[dzekko:]など歯茎破擦音[dz]として発音されることが多くなります。また、ジ[zi]は、語頭では事件（じけん）[dʑikeɴ]や事実（じじつ）[dʑiʑitsɯ]などのように、歯茎硬口蓋破擦音[dʑ]として現れることが多くなります。

/h/ は通常、無声声門摩擦音[h]ですが、有声音に囲まれると母（はあー）[haɦa]のように有声声門摩擦音[ɦ]となったり、風呂[xɯɾo]のように[ɯ]の前では無声軟口蓋摩擦音[x]になったりすることがあります。

/r/ のはじき音[ɾ]は、来年[laineɴ]やレンズ[levzɯ]など、語頭では歯茎側面接近音[l]になることがあります。また、江戸っ子のべらんめえ調では「この野郎[konojaro:]」など、スペイン語やイタリア語などに見られる歯茎ふるえ音[r]が現れることがあります。

/w/ の軟口蓋接近音[ɰ]は英語のように**円唇化**を伴うと、[w]となります。口をとがらせて、「ワオー！」と言うと[wao:]となります。

母音の自由異音については、無視（むし）[mɯɕi]や櫛（くし）[kɯ̥ɕi]などに見られる母音の無声化[V̥]が有名です。これについては、次項で詳しく説明します。また、/u/ には[ɯ]とともに英語のように円唇化を伴う[u]がありますが、この異音も特に決まった現れ方をするわけではありません。日本語で「うそ[ɯso]」と言うとき、口を尖らせれば、[uso]になります。関西では円唇化の伴う[u]が使われると言われています。

ここまで見てきた自由異音を含めた日本語の子音表は以下のようになります。自由異音（網掛け）と他の音声との関係を確認してください。

表 12　日本語の子音表

調音法＼調音点		唇	歯茎	歯茎硬口蓋	硬口蓋	軟口蓋	口蓋垂	声門
破裂音（閉鎖音）	無声	p	t			k		ʔ
	有声	b	d			g		
摩擦音	無声	ɸ	s	ɕ	ç	x		h
	有声	β	z	ʑ		ɣ		ɦ
破擦音	無声		ts	tɕ				
	有声		dz	dʑ				
鼻音	有声	m	n		ɲ	ŋ	ɴ	
はじき音			ɾ					
ふるえ音			r					
接近音			l		j	ɰ w		

やってみよう 13

　自由異音とは同じ音素に属する異音が自由に交代する現象を言います。このことを理解した上で、次の網掛けの音の中から自由異音と思われるものに○を、そうでないものには×を付けてください。

(1)（　）鼻血：[hanadʑi]（cf. [hanaʑi]）
(2)（　）決心：[kʰeɕɕiɴ]（cf. [keɕɕiɴ]）
(3)（　）7月：[ɕitɕigatsɯ]（cf. [çitɕigatsɯ]）
(4)（　）3階：[saŋŋai]（cf. [saŋkai]）
(5)（　）古い：[xɯɾɯi]（cf. [ɸɯɾɯi]）

2.3　音素の 50 音図

表 11 で確認したように、複数の異音に対して**音素表記**は 1 つだけです。音声の 50 音図（→ p.53）は日本人がゆっくりと発音したときの標準的な発音を一つのモデルとして提示していたのに対し、音素の 50 音図は日本語の公式な音声を表し、これ以外の表記はありません。したがって、他言語との比較の中で日本語を表す場合、通常は音素表記で表されます。日本語の音素の 50 音図は表 14（次頁）のようになります。なお、表の /y/ は /j/ で表されることもあります。

音素表記を定める利点は、その言語の特徴を明らかにすることができる点です。たとえば、この章の初めに見たように撥音「ん」の現れ方を観察することで[m][n][ŋ]が、日本語では同じ /N/ という音素に属することがわかります。日本人が、この 3 つの音を同じ音と捉えているという事実は、音素表記を定めることによって初めて明らかになるのです。

表 13　撥音の表記

	音声表記	音素表記
(1)散歩（さんぽ）	[sampo]	/saNpo/
(2)粘土（ねんど）	[nendo]	/neNdo/
(3)金庫（きんこ）	[kʲiŋko]	/kiNko/

また、個人によって異なる音声も、音素表記を使えば、日本語としてまとめることができます。たとえば、景色（けしき）という単語の発音は人によってまちまちです。

Aさんの発音　[keɕikʲi]　→　ゆっくりではっきりとした発音
Bさんの発音　[kʰeɕik̥ʲi]　→　息が強めで、シの母音が無声化した発音

表14　音素の50音図（音素表記）

あ	い	う	え	お	きゃ	きゅ	きょ
a	i	u	e	o	kya	kyu	kyo
か	き	く	け	こ	ぎゃ	ぎゅ	ぎょ
ka	ki	ku	ke	ko	gya	gyu	gyo
さ	し	す	せ	そ	しゃ	しゅ	しょ
sa	si	su	se	so	sya	syu	syo
た	ち	つ	て	と	じゃ	じゅ	じょ
ta	ti	tu	te	to	zya	zyu	zyo
な	に	ぬ	ね	の	ちゃ	ちゅ	ちょ
na	ni	nu	ne	no	tya	tyu	tyo
は	ひ	ふ	へ	ほ	にゃ	にゅ	にょ
ha	hi	hu	he	ho	nya	nyu	nyo
ま	み	む	め	も	ひゃ	ひゅ	ひょ
ma	mi	mu	me	mo	hya	hyu	hyo
や	—	ゆ	—	よ	びゃ	びゅ	びょ
ya	—	yu	—	yo	bya	byu	byo
ら	り	る	れ	ろ	ぴゃ	ぴゅ	ぴょ
ra	ri	ru	re	ro	pya	pyu	pyo
わ	—	—	—	（を）	みゃ	みゅ	みょ
wa	—	—	—	(o)	mya	myu	myo
が	ぎ	ぐ	げ	ご	りゃ	りゅ	りょ
ga	gi	gu	ge	go	rya	ryu	ryo
ざ	じ	ず	ぜ	ぞ	特殊音素		
za	zi	zu	ze	zo			
だ	（ぢ）	（づ）	で	ど	ん（撥音）		
da	(zi)	(zu)	de	do	N		
ば	び	ぶ	べ	ぼ	っ（促音）		
ba	bi	bu	be	bo	Q		
ぱ	ぴ	ぷ	ぺ	ぽ	ー（長音）		
pa	pi	pu	pe	po	R		

Cさんの発音［keçi̥kʲi］　→　シの母音が無声化した標準的な発音

そうすると、日本語としての「景色」の発音をどのように表したらいいのか困ってしまいますね。このような場合、音素表記にすれば、個々の違いを捨象した日本語の表記として表すことができるのです。

Aさんの発音［keçikʲi］
Bさんの発音［kʰeçi̥kʲi］　｝日本語としての音素表記 /kesiki/
Cさんの発音［keçi̥kʲi］

つまり、AさんとBさんとCさんの異なる「景色」の音声は、日本語としては、/kesiki/ に統一されるわけです。

音素の意義は外国語との比較においても重要になります。日本語には[ɹ]と[l]の違いは存在せず、どちらも同じラ行の音として認識されます。したがって、以下のライスの発音は音素表記では同じになります。

［ɾaisɯ］
［ɹaisɯ］　｝　→　ライス（/raisu/）（ご飯）
［laisɯ］

ところが、米語では[ɹ]と[l]は異なる音素となります。

［ɹaɪs］　→　rice（/rais/）（ご飯）
［laɪs］　→　lice（/lais/）（しらみ）

日本語では[ɹ]も[l]も /r/ として理解されるため、日本語母語話者には、英語の rice と lice の区別が難しいわけです。このように、他言語

の音素体系と比較することで、その言語の話者に習得が困難な音を推測することも可能になります。

こうした事実から音素の概念は構造主義言語学の最大の成果の一つであると言われています。では、最後に音素表記に慣れるための練習問題をやってみましょう。

やってみよう 14

以下の文を音素記号で表してください。

(1) 私は　学校で　言語学を　勉強しています。

(2) 私の　夢は　海外で　日本語を　教えることです。

(3) 東京で　オリンピックが　開催されます。

(4) 富士山が　世界文化遺産に　登録されました。

Column

コラム3 「外国人が苦手な音声」

日本語学習者にとって発音や聞き取りが難しい音声は学習者の母語によって異なります。しかし、母語を考えないで、一般論で言うと、難しい日本語の音として特殊音素（促音「ッ」、長音「ー」、撥音「ン」）が挙げられるでしょう。

ある留学生が私の授業を休んだため、次の週の授業に出席したときに理由を聞いたところ、「事件があったので来られなかった」と言われ、驚いたことがあります。よくよく聞いたら、「実験があったので来られなかった」というのが真相でした。つまり、「じっけん」という促音を正しく発音できずに、「じけん」になってしまったんですね。特殊音素はその有無によって意味が異なることから、学習者にとって厄介な存在となっています。

私が教える中級の日本語のクラスで、以下の文を聞いてしっかり判別できるか、調査したことがあります。

(1)来てください　(2)着てください　(3)切ってください
(4)切手ください　(5)聞いてください

これらの区別ができるためには、高低アクセントと特殊音素を正確に聞き取れる必要があります。結果は正答率67％（11人の平均）というものでした。文は簡単でも、聞き分けが難しいことを物語っています。ちなみに日本人にも同じ調査したところ、日本人12人の正答率は97％でした。2人が1問だけ間違えましたが、日本人も地域によってアクセントが異なるからだと思われます。

3．母音の無声化

　日本語の母音はすべて有声音です。しかし、実際には声帯の振動がなくなり、息だけは出ていますが、本来あるべき母音が発音されないことがあります。これを母音の**無声化**と呼びます。音声表記では、無声化される母音の下に小さく［｡］を付けることになっています。日本語では頻繁に母音が無声化されますが、気がつく人はあまり多くありません。たとえば、共通語の自然な言い方で、「息子の靴はピカピカです」と言ってみてください。概ね5か所で無声化が起きますが、感じることができるでしょうか。

　　むすこのくつはピカピカです［mɯsu̥kono ku̥tsɯɰa pʲikapʲi̥kadesu̥］

　一般的に無声化しやすいのは、上に見るような口の開きの狭い高母音［i］、［ɯ］ですが、その他の母音も無声化することがあります。

　　かかと［kḁkato］　　　心［ko̥koro］　　　消しごむ［ke̥ɕigomɯ］

　このような無声化が起きるのは、次のような2つの環境のいずれかにあるときです。ただし、必ず起こるということではなく、無声化する可能性が高くなるという意味です。（無声化がある場合は○、ない場合は×で示しています。）

(1)無声子音と無声子音にはさまれる場合。ただし、アクセント核（ピッチが下がる直前の高い音）がある母音は、無声化しにくくなります。

　　○少ない［su̥kunai］　　○貸し手［kaɕi̥te］　　×菓子店［kaɕiteɴ］

(2)無声子音の次に来る語末の高母音の場合。ただし、助詞や助動詞などに続くときはそれらを含めて1語とします。

　　○朝日［asaçi̥］　　○カラス［kaɾasɯ̥］　　×カラスが［kaɾasɯŋa］

無声化は連続しては起こらないので、次のように複数の母音に無声化の可能性がある場合は、1つおきに母音が無声化されることが多いです。

　　靴下［kɯ̥tsɯɕi̥ta］　　寄宿舎［kʲi̥ɕɯkɯ̥ɕa］　　非公式［çiko:ɕi̥kʲi］

母音の無声化がさらに進むと、母音が消滅し、無声子音が続くことで、**促音便化**の現象が起こることがあります。

　　洗濯機［sentakɯkʲi］　→　［sentakɯ̥kʲi］　→　［sentakkʲi］
　　音楽会［oŋŋakɯkai］　→　［oŋŋakɯ̥kai］　→　［oŋŋakkai］

母音の無声化はガ行の鼻濁音とともに、アナウンサーや声優を目指す人にとって必ず身につけなければならない事柄だと言われています。

やってみよう 15

次の語句を音声表記し、無声化する母音には［ ｡ ］を付けてください。無声化しない語句もあります。

	単語	音声表記		単語	音声表記
①	北		④	握手	
②	来た		⑤	きつつき	
③	山		⑥	ふるさと	

第3章のまとめ 「音韻論」

1．音韻論とは
1.1　音素の概念
1.2　条件異音と相補分布

相補分布の例（撥音 /N/）→同化現象

/N/　→　[m]　／＿＿　[p], [b], [m]
　　　→　[n]　／＿＿　[t], [d], [ts], [dz], [n], [ɾ]
　　　→　[ŋ]　／＿＿　[k], [g], [ŋ]

1.3　日本語の音素の例（サ行・ハ行など）
1.4　音素の見つけ方

ミニマル・ペア（最小対）の例

柿[kakʲi] ‐ 鍵[kagʲi]　　[kʲ] ⟷ [gʲ]

2．日本語の音素
2.1　日本語の音素と異音（22の音素）
2.2　自由異音と自由変異

自由異音の例

「歌舞伎（かぶき）」[kabɯkʲi] → [kaβɯkʲi]
/b/ → [β] ／条件は決まっていない

2.3　音素の50音図

3．母音の無声化
(1) 無声子音と無声子音にはさまれる　（例）少ない[sɯ̥kɯnai]
(2) 無声子音の次に来る語末の高母音　（例）朝日[asaçi̥]
　　促音便化　洗濯機[sentakɯkʲi] → [sentakɯ̥kʲi] → [sentakkʲi]

総合問題３

　言語における音の単位として、ひとまとまりに発音される音の連続音を音節と言います。通常、核となる母音の前後に子音を伴います。日本語のひらがなやカタカナは、原則的に１文字が１音節を表す音節文字です。また、言語の音節構造には開音節と閉音節があり、日本語のように母音で終わる音節のことを開音節と言います。これに対して、①英語のように子音で終わる音節のことを閉音節と言います。

　日本語は典型的な開音節の言語だと言われていますが、すべての音節が開音節ではありません。②撥音と促音のある音節は日本語の中で数少ない閉音節の例です。撥音と促音の例は広く知られた事実ですが、これ以外にも閉音節として考えられる例が存在します。それは③母音の無声化による閉音節化です。

　たとえば、ていねい形と呼ばれる「～です」と「～ます」は共通語の標準的な発音では、[～desɯ][～masɯ]となり、最後の母音は聞こえません。ローマ字表記の日本語テキストでは、"～desu̥""～masu̥"と書かれることもあります。つまり、[～desɯ][～masɯ]という２音節から[～des][～mas]という１音節になるとも言えるのです。④私たちの気がつかないところで、閉音節化が頻繁に起こっているわけです。

　⑤母音の無声化による促音便化もこのような閉音節化の現象として捉えることができます。たとえば、「各国」も[ka-kɯ-ko-kɯ]→[ka-kṷ-ko-kɯ]→[kak-ko-kɯ]という変化（かくこく→かっこく）で考えることができます。母音の無声化が母音の消滅につながり、その結果、[kakɯ]から[kak]という閉音節が生じることになったのです。

　このように、一見典型的な開音節である日本語も、実際の運用においては閉音節が数多く存在していることを日本語を教える人は知っておく必要があるでしょう。

問1　下線部①に関して、英語は基本的に閉音節ですが例外もあります。以下の一音節語の例の中から閉音節ではないものを1つ選んでください。
a. spy　　　　b. ant　　　　c. man　　　　d. six

問2　下線部②に関して、撥音と促音が含まれていない単語をひとつずつ選んでください。
(1)撥音
a. [kiṽɕi]　　b. [ɕinai]　　c. [sampʲi]　　d. [saŋka]

(2)促音
a. [ɕitto]　　b. [onna]　　c. [dzaɕɕi]　　d. [tokkjuː]

問3　下線部③に関して、次の単語の中で母音の無声化が起きにくいものはどれでしょうか。
a. 鉛筆　　　　b. 約束　　　　c. 番組　　　　d. 常識

問4　下線部④に関して、母音の無声化による閉音節化と関係のないものを1つ選んでください。
a.「直線（ちょくせん）」を、[tɕok-seɴ]と発音する。
b.「アシカ」を、[aɕ-ka]と発音する。
c.「金庫（きんこ）」を、[kʲiŋ-ko]と発音する。
d.「風呂敷」を、[ɸɯ-roɕ-kʲi]と発音する。

問5　下線部⑤に関して、当てはまらないものを1つ選んでください。
a. 旅客機　　　b. 水族館　　　c. 三角形　　　d. 救急車

第4章
形態論

第4章　形態論

キーワード

1．形態素とは
☐ 形態素　☐ 語彙的形態素　☐ 文法的形態素　☐ 自由形態素
☐ 拘束形態素　■ ブルームフィールド　☐ 形態　☐ 異形態

2．語構成
☐ 語基　☐ 接辞　☐ 接頭辞　☐ 接中辞（挿入辞）　☐ 接尾辞
☐ 単純語　☐ 合成語　☐ 派生語　☐ 複合語　☐ 畳語　☐ 連濁
☐ 転音　☐ 脱落　☐ 添加　☐ 連声

3．日本語述語の活用
☐ 語幹　☐ 語尾　☐ 屈折接辞　☐ 活用　☐ 母音（語幹）動詞
☐ 子音（語幹）動詞　☐ 不規則動詞　☐ 派生接辞　☐ 有標理論
☐ 無標／有標　■ トゥルベツコイ　■ ヤコブソン

　音声が集まると音節になり、音節が集まると意味のあるかたまりになります。これが形態素です。日本語は膠着語（形態素によって文法機能を表す言語）と呼ばれ、形態素と形態素の境界がはっきりしているのが特徴です。そのため、形態素のつながりが文法現象として現れることが多いと言えます。

　形態素の分析は音韻論の成果をもとに発展しました。形態素を音素で表記し、語構成や語形変化を分析します。第4章では、日本語の語の内部構造を形態論の観点から考察します。

1．形態素とは

形態素とは、それ自体で意味を担うことのできる最小単位のことを言います。ここでいう意味には、語彙的な側面と文法的な側面があります。たとえば、以下の文を見てください。

　　　太郎君は　静岡大学で　日本語教育を　学んだ。

この文を形態素の単位で切り分けると、以下のようになります。

　　　太郎／君／は　静岡／大学／で　日本／語／教育／を　学ん／だ。

「太郎」は名前、「君」は男性などを呼ぶ敬称、「は」は主題を表し、「静岡」は地名、「大学」は学校、「で」は場所を示し、「日本」は国名、「語」は言葉、「教育」は教えること、「を」は目的語、「学ん」は学ぶという意味、「だ」は過去を、それぞれ表しています。ここで区切った単位はすべてある意味をもっていますが、これ以上細分化することは不可能です。「太郎」を「太」と「郎」に分けると、意味不明になります。同様に「君」を「く」と「ん」に分けると、意味的な単位ではなくなってしまいます。このように、形態素とは意味のある一番小さい単位のことを言います。

1．1　語彙的形態素と文法的形態素

言語学では、このような形態素を音素記号で表し、形態素と形態素との境界はハイフンでつなぎます。

/taroR-kuN-wa sizuoka-daigaku-de nihoN-go-kyoRiku-o manaN-da/

この形態素について、「太郎」などの意味的な内容を表すものを**語彙的形態素**、「は」などの文法的な機能を表すものを**文法的形態素**と呼びます。上の例であれば、次のようになります。

/taroR-kuN-wa sizuoka-daigaku-de nihoN-go-kyoRiku-o manaN-da/
語彙　語彙　文法　語彙　　　　語彙　文法　語彙　語彙　語彙　文法　語彙　文法

意味的な内容をもつ名詞や動詞、形容詞、副詞などは語彙的形態素、機能的な働きをもつ助詞や助動詞、活用語尾などは文法的形態素になります。

やってみよう 16

次の文を音素表記で表してください。そして、形態素と形態素の境界を上の例のようにハイフンで結び、語彙的／文法的形態素の別を下に示してください。

(1) 新東京国際空港で　アメリカ人の友人に　会った。

(2) 大学の国際センターで　日本語弁論大会を　開催した。

(3) ある地域の町が　町おこしで　猫祭（ねこまつり）を　考案した。

1.2 自由形態素と拘束形態素

　形態素のもつ意味から語彙的形態素と文法的形態素があることを見ましたが、形態素の構造的な面に焦点を当てると、単独で語を構成できるかどうかという観点から、**自由形態素**（Free morpheme）と**拘束形態素**（Bound morpheme）に分けることができます。これは**ブルームフィールド**（Leonard Bloomfield, 1887-1949）による分類です。

$$
形態素 \begin{cases} 自由形態素 - 単独で語を構成することができる \\ 拘束形態素 - 単独では語を構成できない \end{cases}
$$

　この分類は、最初に見た語彙的形態素と文法的形態素と重なるところが多くありますが、異なるところもありますので注意が必要です。どこが違うのか、具体的に見てみましょう。

/taroR-kuN-wa sizuoka-daigaku-de nihoN-go-kyoRiku-o manaN-da/

| 語彙 | 語彙 | 文法 | 語彙 | 語彙 | 文法 | 語彙 | 文法 | 語彙 | 文法 | 語彙 | 文法 |
| 自由 | 拘束 | 拘束 | 自由 | 自由 | 拘束 | 自由 | 拘束 | 自由 | 拘束 | 拘束 | 拘束 |

　文法的形態素は基本的に拘束形態素であると言えます。ある語に付いて、その文法的な役割を示し、単独では存在できないからです。これに対し、語彙的形態素は必ずしも自由形態素とは限りません。語彙的な意味をもっていても、単独で存在できないものがあるからです。上の例文で言えば、「～君」や「～語」や「学ん～」がそのような拘束形態素となります。これらの語彙的形態素はその前後の形態素と一緒になって初めて語として成立することになります。

やってみよう 17

＜やってみよう 16 ＞の(1)と(2)と(3)で区切った形態素を「自由形態素」と「拘束形態素」に分けてください。

1.3　形態素と異形態

発話や文の中で実際に現れる形態素を**形態**と呼びます。この形態は、その他の形態との結合において、音韻変化をすることがあります。その場合、元の形態素とは形が少し異なることから、これらを**異形態**と呼びます。形態素には、1つの形態しかもたないものもありますが、複数の異形態をもつものもあります。

具体的な例として、助数詞を見てみましょう。助数詞の「～匹」はそれが接続する数字によって、形が異なります。

　　　1 ぴき・2 ひき・3 びき・4 ひき・5 ひき
　　　6 ぴき・7 ひき・8 ぴき・9 ひき・10 ぴき

このことから、「～匹」という形態素には、/-hiki/ と /-biki/ と /-piki/ という3つの異形態が存在することになります。形態論では、この3つの形態素の中から代表を1つ選びます。第3章で見た音素と異音との関係と似ていますね。そして、その代表の形態素を { } で表します。この代表の記号は一番基本的な異形態の中から選ばれるのが普通ですので、ここでは /-hiki/ を使うことにします。そうすると、「～匹」という形態素とその異形態との関係は次のように表されます。

　　　{hiki}：/-hiki/, /-biki/, /-piki/

第4章　形態論　103

　ハイフンは、他の形態素との境界を表しますので、{hiki}という形態素は単独では現れないことを意味します。もし単独で使われることがあるとしたら、異形態の中にハイフンのない /hiki/ を含める必要があります。形態素と異形態の関係をまとめると、次のようになります。

　　{形 態 素}：/異形態A/, /異形態B/, /異形態C/...

　では、形態素と異形態の具体的な例を、以下で確認してみましょう。

やってみよう 18

　日本語の「酒」と「風」には複数の異形態が存在します。それぞれの単語例を音素表記で表し、形態素と異形態の関係を示してください。

	「酒」を含む語	/音素表記/
(1)酒	①酒（さけ）	
	②酒屋（さかや）	
	③冷酒（ひやざけ）	
	④酒癖（さけぐせ）	
	{　　　}：/　　/, /　　/, /　　/, /　　/	

	「風」を含む語	/音素表記/
(2)風	①風（かぜ）	
	②北風（きたかぜ）	
	③風上（かざかみ）	
	④風当り（かぜあたり）	
	{　　　}：/　　/, /　　/, /　　/, /　　/	

2．語構成

すべての語は、1つまたは2つ以上の形態素から成り立つことを見ました。これらの形態素は、どのように語（ただし、付属語と述語の活用を除く）を形成するかによって、語基と接辞に分類されます。

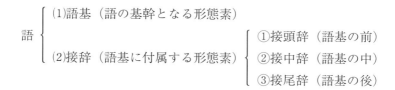

語基は語の中心となる形態素で、原則的に基本的な意味を有する自由形態素です。この語基に付属して付加的な意味を添える形態素を**接辞**と呼び、これは拘束形態素になります。接辞は語基に付属する場所によって、**接頭辞**（語基の前）、**接中辞**（語基の中）、**接尾辞**（語基の後）に分かれます。

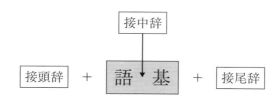

このことを、「駄菓子屋」という単語で具体的に見てみましょう。この単語を構成する形態素は「だ／がし／や」に分かれます。「だ～」はつまらないものを表す接頭辞で、「～や」は職業や店を表す接尾辞です。この語の中心となるのは「菓子」で、これは自由形態素になります。

（例）駄菓子屋 /da-gasi-ya/

語基の中に入る接中辞は**挿入辞**と呼ばれることもありますが、日本語には存在しません。しかし、世界の言語を見渡すと、接中辞が存在しますので、その中からタガログ語の接中辞の例を紹介しましょう。

2.1　タガログ語の接中辞

　タガログ語の動詞は、語基に一定の接辞をつけて作られます。接辞 um はその一つで、これをつけた動詞を「um 動詞」と呼びます。この「um 動詞」は、動作の主体（行為者）を強調する場合などに用いられます。接辞 /um/ は、母音で始まる語基では接頭辞として、子音で始まる語基ではその子音の後に接中辞として組み込まれます。

表 15　um動詞の作り方

動詞	意味	um 動詞	接辞の種類
① /alis/	去る	/um+alis/ → /um-alis/	接頭辞
② /upo/	座る	/um+upo/ → /um-upo/	接頭辞
③ /basa/	読む	/um+basa/ → /b-um-asa/	接中辞
④ /tawa/	笑う	/um+tawa/ → /t-um-awa/	接中辞

　um 動詞では "um" に続く子音の連続を許さないため、③の /umbasa/ や④の /umtawa/ が許容されず、接中辞になると思われます。同様に、日本語でも子音の連続を回避するための現象が起きているのが興味深いですね。（→ p. 121）

2.2　語構成の分類

　形態素によって語が形成されることを見ましたが、その数や結合の仕方によって様々な分類が存在します。以下では、国語学における伝統的な分類を形態素の観点から紹介します。

オージーに人気の形容詞 "bloody"

　オーストラリア英語には "The Great Australian Adjective（偉大なるオーストラリアの形容詞）" と揶揄される形容詞が存在します。この形容詞は、"bloody" で、もともとは「血だらけの」という意味の形容詞ですが、荒っぽいオーストラリア人（オージー）男性が強意の意味で使うことがよくあります。"Bloody good!"（とてもいいぜ！）や "Bloody hell!"（何てこった！）など、あまり上品な言い方ではありませんが、"fucking" ほど卑俗なスラングでもありません。

　オーストラリア以外でもイギリスやニュージーランドで使われ、日常会話ではよく耳にするスラングです。この "bloody" が接中辞のように、語の中にも使われることがあります。

(1) Fan-bloody-tastic explosion at the factory!
　「何てすげえ工場の爆発なんだ！」

(2) I went and shot two kanga-bloody-roos.
　「俺は出かけて、2頭のカンガルー野郎をしとめたぜ！」

　(1)は工場での爆発について、"fantastic（すごい）" という形容詞に "bloody" を挿入し、皮肉を込めた驚きを表しています。(2)は、"kangaroos" の中に挿入し、2頭も撃ち殺したことを強調しています。このように、"bloody" はあまりによく使われ過ぎて、接中辞のような働きもする特異な語になったと考えることができるでしょう。

1）形態素の数による分類

　語は、それを構成する形態素の数によって**単純語**と**合成語**に分かれます。単純語は1つの形態素だけでできた語で、合成語は複数の形態素からできた語のことを言います。単純語の語基は単独で存在することから、自由形態素となります。複数の形態素から成る合成語は、語基に接辞が付いた**派生語**と複数の語基から成る**複合語**に分かれます。複合語の語基は必ずしも自由形態素であるわけではありません。「機嫌取り」の「～取り」のように、拘束形態素であっても語彙的形態素であれば、語基になることが可能です。また、同じ形態素が繰り返されて作られる複合語を**畳語**と言います。意味を強めたり、事物の複数を示したり、動作や作用の反復・継続などを表したりします。

表16　形態素の数による分類

	名称		形態素	例
語	単純語		語基のみ	山、機嫌、菓子
	合成語	派生語	語基と接辞	お-山、ご-機嫌、駄-菓子-屋
		複合語	語基と語基	山-里、機嫌-取り、菓子-問屋
		（畳語）		熱-々、山-々、泣き-泣き

やってみよう19

　次の語に関して、それぞれの分類とは異なるものを1つ選んでください。

(1) 単純語
　　a. 田舎　　b. 日本　　c. 運動　　d. 革靴　　e. ミカン

(2) 派生語
    a. 聴解力　　b. 軽自動車　　c. 未成年　　d. 犬小屋　　e. 異文化

(3) 複合語
    a. 花畑　　b. 息苦しい　　c. 野山　　d. 動物園　　e. 芋焼酎

(4) 畳語（強意）
    a. 赤々（あかあか）　b. 恐々（きょうきょう）　c. 広々（ひろびろ）　d. 軽々（かるがる）　e. 段々（だんだん）

2）形態素の変化による分類

　形態素の結合によって語が合成されるとき、形態上の変化が起き、異形態ができることを前項で見ましたが、その変化の仕方によって、次のような分類があります。以下の例では、変化する音声を網掛けで示します。

① 連濁（れんだく）（後の形態素の最初の清音が濁音に変わる）
    （例）若木 /waka+ki/ → /wakagi/

② 転音（前の形態素の最後の母音が変わる）
    （例）酒屋 /sake+ya/ → /sakaya/

③ 脱落（形態素の結合によって音素または音節が脱落する）
    （例）河原 /kawa+hara/ → /kawara/

④ 添加（結合部分に音素が添加される）
    （例）春雨 /haru+ame/ → /harusame/

　これらの現象がいくつか重なることもあります。たとえば、以下の例では連濁と転音が同時に起きています。

⑤連濁と転音
　（例）酒樽 /sake+taru/ → /sakadaru/

また、「安穏（あん＋おん→あんのん）」のような例を**連声**(れんじょう)（子音と母音が結合して別個の音節を作る）と呼ぶことがありますが、言語学的には子音 /n/ の添加（安穏 /aN+oN/ → /aNnoN/）と考えられます。
　このように語構成の過程においては、様々な音韻変化が起こります。この変化は日本語の音韻構造と密接な関係があり、これについては、「総合問題 4」の中でも扱います（→ p. 121）。

やってみよう 20

次の合成語に関して、それぞれの観点とは異なるものを、1 つ選んでください。

(1)連濁
　a. 灰皿　　　b. 夏日　　　c. 豚汁　　　d. 天井　　　e. 本棚
(2)転音
　a. 雨音　　　b. 金具　　　c. 白樺　　　d. 舟歌　　　e. 山芋
(3)脱落
　a. 裸足　　　b. 河内　　　c. 晴海　　　d. 悪化　　　e. 本箱
(4)添加
　a. 夫婦　　　b. 真っ青　　c. 肌着　　　d. 霧雨　　　e. 脂っこい
(5)連濁と転音
　a. 木立ち　　b. 手綱　　　c. 雨蛙　　　d. 鼻血　　　e. 金づち

3．日本語述語の活用

　形態素のつながりという観点から日本語の述語を考えてみましょう。日本語の述語に**活用**があるのは、述語に様々な形態素が結合するからです。述語の主たる部分は語基と言える部分ですが、述語の活用においては、**語幹**と呼びます。これに対して、語幹に付属する形態素を**語尾**と呼びます。語幹は基本的に変化しない部分であり、語尾は変化する部分のことを意味します。

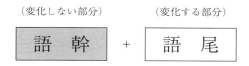

たとえば、「逃げる」と「青い」という動詞と形容詞であれば、語幹である /nige-/ と /ao-/ は変化せず、異なる文法的機能をもつ形態素が語尾として付くことになります。以下では、「非過去」と「過去」の形態素が語尾として機能しています。

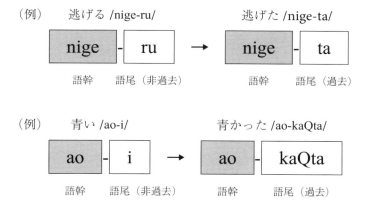

語幹は述語の語彙的な意味を担うという点で語彙的形態素ですが、独立して存在できないという点で、拘束形態素となります。語尾は述語の文法的な機能をもつことから、文法的形態素であり、語幹に必ず接続しなければならないという点で、拘束形態素となります。また、語尾は変化する接辞であるという観点から、**屈折接辞**と呼ばれることがあります。

3.1　日本語動詞の活用分析

日本語の動詞は語彙的な意味をもつ語幹に様々な文法的形態素（屈折接辞）が付くことで、変化します。このような変化のことを活用と呼んでいます。この日本語動詞の活用について、形態素と異形態という観点から、実際に分析してみましょう。

以下は、日本語教育における動詞の活用表の一部です。学校文法（国語学）の活用表とは異なりますので、注意してください。

表 17　日本語動詞の活用（その 1）

活用形		食べる		読む	
基本形	非過去形	食べる	/taberu/	読む	/yomu/
	過去形	食べた	/tabeta/	読んだ	/yoNda/
接続形	連用形	食べ	/tabe/	読み	/yomi/
	テ形	食べて	/tabete/	読んで	/yoNde/
仮定形	バ形	食べれば	/tabereba/	読めば	/yomeba/
	タラ形	食べたら	/tabetara/	読んだら	/yoNdara/
並列形	タリ形	食べたり	/tabetari/	読んだり	/yoNdari/
命令形		食べろ	/tabero/	読め	/yome/

「基本形」は言い切りに使われる形式です。現在・未来を表す「非過去形」と過去を表す「過去形」に分かれます。「接続形」は接続するための形式で、「連用形」と「テ形」があります。「仮定形」は仮定条件を表し、「バ形」と「タラ形」があります。「タリ形」は並列を表し、「命令形」は命令を表す形式です。

この表から、「食べる」と「読む」の語幹を認定しましょう。語幹は基本的に変わらない部分です。音素表記された「食べる」と「読む」の活用を見てみると、まったく変わらない部分があること気がつくでしょうか。どうやらこれが語幹のようです。

「食べる」であれば、/tabe-/ の部分であり、明らかに語幹と認定してもよさそうです。では、「読む」はいかがでしょうか。まったく変わらない部分は、/yo-/ の部分ですので、これを語幹と認定したくなります。しかし、/yo-/ に続く音を見てみると、/m/ と /N/ しか現れません。しかも、この2つの音は鼻音という共通点を抱え、音声的に非常に近い特徴をもっています。そうすると、/yom-/ と /yoN-/ は1つの形態素が接続の環境によって変化した異形態と考えることが可能です。/yom-/ を基本形と考え、これを形態素の式で表すと、以下のようになります。

　　　{yom}：/yom-/, /yoN-/

「食べる」の場合は形態が1つしかないので、

　　　{tabe}：/tabe-/

となります。学校文法における語幹の認定とは異なるので、注意してください。この2つの動詞の活用表は次頁の表18のようになります。

表18　日本語動詞の活用（その2）

活　用　形		食べる	読む
基本形	非過去形	/tabe-ru/	/yom-u/
	過去形	/tabe-ta/	/yoN-da/
接続形	連用形	/tabe-ø*/	/yom-i/
	テ形	/tabe-te/	/yoN-de/
仮定形	バ形	/tabe-reba/	/yom-eba/
	タラ形	/tabe-tara/	/yoN-dara/
並列形	タリ形	/tabe-tari/	/yoN-dari/
命令形		/tabe-ro/	/yom-e/

＊ "ø" はゼロ（何もない）を示す言語記号です。ここでは、/tabe-/ という語幹に「連用形」の形態素 /-ø/ が付いていると考えます。

　これで縦軸である語幹の分析が終わりました。「食べる」の /tabe-/ のように語幹が母音で終わる動詞を**母音語幹動詞**（母音動詞）、「読む」の /yom-/ のように語幹が子音で終わる動詞を**子音語幹動詞**（子音動詞）と呼びます。前者は学校文法の上一・下一段活用動詞、後者は五段活用動詞になります。なお、「する」と「来る」は**不規則動詞**と呼ばれます。

　縦軸と同様に、横軸である活用語尾の分析もできます。たとえば、基本形の非過去形であれば、「食べる」の場合は /-ru/、「読む」の場合は /-u/ という形態素が付いています。これは、

　　{ru}：/-ru/, /-u/

と表すことができます。つまり、「非過去」を表す形態素 {ru} は /-ru/ と /-u/ という2つの異形態をもつということになります。同様に、その他の活用も分析すると、次頁の表19のようになります。

表19 日本語動詞の活用語尾の分析

活用語尾の種類	形態素と形態／異形態	
非過去	{ru}：/-ru/, /-u/	
過去	{ta}：/-ta/, /-da/	
連用形	{ø}：/-ø/, /-i/	
テ形	{te}：/-te/, /-de/	
バ形	{reba}：/-reba/, /-eba/	
タラ形	{tara}：/-tara/, /-dara/	
タリ形	{tari}：/-tari/, /-dari/	
命令形*	{ro}：/-ro/	{e}：/-e/

＊「食べろ」と「読め」の命令を示す形態素は、共通の形態素とは考えにくいため、異なる形態素として分析しています。

このように、日本語の動詞の活用は形態素と形態素の結合によって生じると考えることができます。

3.2 派生接辞

接辞の中には、品詞を他の品詞に転換させる能力のあるものがあります。このような接辞を**派生接辞**と呼びます。

(1) 形容詞を名詞に変える接辞 /-mi/, /-sa/
　　（例）深い /huka-i/ → 深み /huka-mi/
　　　　　静かだ /sizuka-da/ → 静かさ /sizuka-sa/

(2) 名詞を形容詞（イ形容詞とナ形容詞）に変える接辞
　　/-rasiR/, /-Qpoi/, /-tekida/, /-huRda/
　　（例）男 /otoko/ → 男らしい /otoko-rasiR/

女 /oNna/ → 女っぽい /oNna-Qpoi/
現代 /geNdai/ → 現代的だ /geNdai-tekida/
西洋 /seiyoR/ → 西洋風だ /seiyoR-huRda/

(3) 名詞を動詞に変える接辞 /-suru/, /-ru/
（例）テニス /tenisu/ → テニスする /tenisu-suru/
事故 /ziko/ → 事故る /ziko-ru/

(4) 形容詞を動詞に変化させる接辞 /-maru/, /-ramu/
（例）広い /hiro-i/ → 広まる /hiro-maru/
赤い /aka-i/ → 赤らむ /aka-ramu/

やってみよう21

派生接辞に関して、それぞれの観点とは異なるものを1つ選んでください。

(1)「-み」による形容詞の名詞化
 a. 温かみ　　b. 甘み　　　c. 青み　　　d. 微笑み　e. 赤み
(2)「-らしい」による名詞の形容詞化
 a. しおらしい b. 子どもらしい c. 田舎らしい d. 男らしい e. 学生らしい
(3)「-る」による名詞の動詞化
 a. パニクる　b. 皮肉る　　c. あせる　　d. メモる　e. コピる
(4)「-まる」による形容詞の動詞化
 a. 広まる　　b. 染まる　　c. 深まる　　d. 弱まる　e. 高まる

コラム4 「ブルームフィールド」

　ヨーロッパの構造主義言語学とは異なる形で、アメリカでは文化人類学的な言語研究が進みました。アメリカ構造主義言語学（アメリカ記述言語学とも呼ばれます）は文字をもたないアメリカ先住民族の言語を調査することに端を発したこともあり、言語の実態を記述することを目的としていました。ボアズ、サピアと続き、ブルームフィールドが現れると、アメリカ記述言語学は最盛期を迎えます。

　ブルームフィールドは1887年にアメリカのイリノイ州のシカゴに生まれました。19歳でハーバード大学を卒業した後、ウィスコンシン大学の大学院に進学し、転校したシカゴ大学から1909年に博士号を取得しました。

　オーストリア系二世でドイツ語が堪能だったため、シンシナティ大学やイリノイ大学、オハイオ州立大学などでドイツ語を教えました。1913年にはドイツに留学し、比較言語学を学んでいます。そして、1935年にはアメリカ言語学会の会長に就任しました。

　1933年に不朽の名作『言語』を発表し、行動主義心理学に基づく記述言語学の具体的な方法論を明解に示したものとして、高い評価を得ます。本の出版後、チョムスキーが現れる1950年代中期までをブルームフィールド時代と呼ぶほどです。『言語』は長い間、言語学を学ぶ学生が必ず読む入門書となっていました。現在でも記述言語学を学ぶためには必須の書となっています。

3.3　有標理論

　言語にはあらゆるレベルにおいて対立する項目がありますが、この中で一方が他方に依存する関係がある場合、**無標**と**有標**の関係が成立します。これを、**有標理論**と呼びます。たとえば、AとBが対立し、Aが一般的な項目で、Bが特殊な項目となる関係です。この場合、Aを無標、Bを有標と言います。

　有標理論は、プラーグ学派の**トゥルベツコイ**（Nikolay Sergeevich Trubetskoy, 1890–1938）が着想し、僚友の**ヤコブソン**（Roman Osipovich Jakobson, 1896–1982）とともに理論化した概念です。もともとは音韻論における2項対立の記述に端を発しますが、現在では形態論、統語論、意味論、認知意味論など、言語のあらゆるレベルにおいて適用されるようになっています。以下、それぞれの分野の例を簡単に紹介しましょう。

　音声のレベルでは、日本語や英語の子音における無声と有声の対立（[p]–[b], [t]–[d]など）が有名です。発音上のエネルギーという観点から、声帯が開いて空気が流れるだけの無声子音が無標で、声帯を鳴らすという余計なエネルギーを必要とする有声子音が有標になります。

　形態の分野では活用の基本形である非過去形（「食べる」）が無標であるのに対し、ていねいな意味を添える「ていねい形」（「食べます」）や否定の意味を加える「否定形」（「食べない」）などが有標になります。

　統語論では、能動態と受動態の対応において、前者が無標、後者が有標となります。動作主が主語となる能動文のほうが、動作を受ける人や物を主語にする受身文より、基本的な表現であるからです。

　意味のレベルでは、たとえば、寿司屋における「（わ）さび入り」と「（わ）さび抜き」が無標と有標の関係になります。寿司を注文するときに、あえて言う必要のない「（わ）さび入り」が無標（通常の注文）であるのに対し、断って注文しなければならない「（わ）さび抜き」は有標（特

別な注文）であると考えられるからです。

認知意味論では典型的な例（プロトタイプ）が無標で非典型的な例が有標となります。たとえば、「三つ葉のクローバー」に対する「四つ葉のクローバー」などがそのような例になるでしょう。

表20　無標と有標の例

言語の分野	無標－有標	対立する具体例
(1)音声	無声－有声	（子音）[p]－[b], [t]－[d], [ç]－[ʑ]
(2)形態	肯定－否定	食べる－食べない
(3)統語	能動－受動	AがBを愛する－BがAに愛される
(4)意味	通常－特別	（寿司）わさび入り－わさび抜き
(5)認知	典型－非典型	（クローバー）三つ葉－四つ葉

やってみよう22

　形態論における有標性は、(1)「合格－不合格」における「Aとnon-A」、(2)「子ども－子どもたち」における「AとAの複数形」、(3)「作家－女流作家」における「Aと限定されたA」、(4)「いる－いた」における「AとAの過去形」などに見られます（下線部）。これらの例にもっとも当てはまるものを1つずつ選んでください。

(1) A と non-A
　　a. 戦闘員－非戦闘員　　　　　b. 出席－欠席
　　c. 経済－不経済　　　　　　　d. 肯定－否定

(2) AとAの複数形
 a. 林－森　　　　　　　　b. 人間－人類
 c. 友－友達　　　　　　　d. 山－山々

(3) Aと限定されたA
 a. 動物－犬　　　　　　　b. 蛇－海蛇
 c. 雄牛－雌牛　　　　　　d. アンパン－ジャムパン

(4) AとAの過去形
 a. 寝る－寝ました　　　　b. 古い－古かった
 c. しよう－した　　　　　d. 見る－見せた

第4章のまとめ 「形態論」

1．形態素とは

1．1　語彙的形態素と文法的形態素

1．2　自由形態素と拘束形態素　→　ブルームフィールド

1．3　形態素と異形態　｛形態素｝：/異形態A/, /異形態B/, /異形態C/

2．語構成

　　　語基＋接辞（接頭辞／接中辞／接尾辞）

2．1　タガログ語の接中辞

2．2　語構成の分類

　1）形態素の数による分類

　①単純語（1つの形態素）　②合成語（複数の形態素）

　③派生語（語基と接辞）　④複合語・畳語（語基と語基）

　2）形態素の変化による分類

　①連濁（清音が濁音に変化）　②転音（母音の変化）

　③脱落（音が消える）　④添加（子音が加わる）

3．日本語述語の活用

　　　述語＝語幹＋語尾（屈折接辞）

3．1　日本語動詞の活用分析

　　　　①母音語幹動詞　②子音語幹動詞　③不規則動詞

3．2　派生接辞

　(1)形容詞の名詞化接辞　（/-mi/, /-sa/）

　(2)名詞の形容詞化接辞　（/-rasiR/, /-Qpoi/, /-tekida/, /-huRda/）

　(3)名詞の動詞化接辞　（/-suru/, /-ru/）

　(4)形容詞の動詞化接辞　（/-maru/, /-ramu/）

3．3　有標理論

　　　　無標／有標　→　トゥルベツコイ、ヤコブソン

総合問題４

　音節は①母音（Vowel）と子音（Consonant）という２つの異なる音素で構成されています。それぞれを「V」「C」で表すと、日本語の音節構造は、基本的に「V」か「CV」のいずれかになり、最後が母音で終わることから、開音節と呼ばれます。ただし、撥音と促音は例外で、「VC」または「CVC」となり、閉音節となります。

　②日本語では基本的に子音が続くことはないので、形態素と形態素が結合するときに子音が重なると、それを回避するために様々な音韻変化が生じます。たとえば、③子音で終わる動詞（子音語幹動詞）に子音で始まる文法的形態素が付く場合、子音と子音（特殊音素を除く）の連続を避けるために以下のような④５つの変化のパターンが生じます。

(1) 子音の脱落　CC → Cφ　（ここの"φ"は脱落を意味します）
　　（例）読む（/yom+ru/ → /yomru/ → /yomu/）
(2) 子音の母音化　CC → VC
　　（例）書いた（/kak+ta/ → /kakta/ → /kaita/）
(3) 母音の挿入　CC → CVC
　　（例）貸した（/kas+ta/ → /kasta/ → /kasita/）
(4) 子音の促音化　CC → /Q/C
　　（例）やった（/yar+ta/ → /yarta/ → /yaQta/）
(5) 子音の撥音化（同時に子音の有声化）　CC → /N/C
　　（例）飛んだ（/tob+ta/ → /tobta/ → /toNda/）

　このように、⑤形態素の結合においては、日本語の音韻構造を保持するための様々な変化が起きているわけです。

問1　下線部①について、間違った記述を1つ選んでください。
a. 無声子音にはさまれた母音は無声化することがある。
b. 母音は空気の妨げがない音のことである。
c. 子音の種類は有声／無声と調音点、調音法によって決まる。
d. 音節は核となる子音に母音が伴ったものである。

問2　下線部②に関して、母音の無声化によって実質的に子音が連続すると考えられる場合があります。以下の中から、これに当てはまる語を1つ選んでください。
a. 家族　　　　b. 音楽　　　　c. 明日(あした)　　　　d. ゆっくり

問3　下線部③に関して、子音語幹動詞と実質的に同じ動詞を以下の中から1つ選んでください。
a. 上一段活用動詞　　　　　　b. 下一段活用動詞
c. 五段活用動詞　　　　　　　d. 不規則動詞

問4　下線部④に関して、「(1)子音の脱落」と「(2)子音の母音化」によるものと考えられるものを1つ選んでください。
(1)子音の脱落
a. 見る　　　b. 帰る　　　c. 超える　　　d. 着る
(2)子音の母音化
a. いた　　　b. 見た　　　c. 聞いた　　　d. 老いた

問5　下線部⑤に関して、以下の語の中から形態素の結合による音韻変化をもたないものを1つ選んでください。
a. 小雨　　　b. 眉毛　　　c. 夜桜　　　d. 肉屋

第5章
統語論

第5章　統語論

キーワード

1．統語論とは
☐ 直接構成素分析（IC分析）　☐ 樹形図　☐ 左枝分かれ図　☐ 右枝分かれ図

2．チョムスキーの言語理論
☐ 帰納法／演繹法　☐ （変形）生成文法　☐ 句構造規則　☐ 句構造標識　☐ 後置詞句　☐ 普遍文法　☐ 言語獲得装置　☐ 個別文法　☐ 言語の生得性　☐ 言語能力／言語運用　☐ 言語の創造性　☐ 深層構造／表層構造　☐ 同義文　☐ 両義文

　構造主義言語学は音声学、音韻論、形態論の分野で著しい研究成果を上げました。しかし、統語論の分野では、その成果は限定的なものでした。そこにチョムスキーが現れ、それまでとはまったく異なる研究方法を提案しました。それは、客観的な言語データを分析するのではなく、人間がどのようにして言語を生成するのかを考察するというものでした。

　チョムスキーの考えは当時の言語学会へ大きな衝撃を与え、言語研究の認知的アプローチが始まります。影響を受けた世界中の言語学者が研究に加わることで、言語の生成プロセスの解明が進みました。

　チョムスキーの理論はその後、何度も修正され大きな枠組みが変化していきますが、この章では初期の理論（標準理論）を紹介し、チョムスキーがどのように言語の生成を理論づけたのか見ていくことにします。

第5章 統語論

1. 統語論とは

　文がどのような構造で成り立っているかを明らかにする分野が統語論です。すべての言語はある規則によって統御された構造をもっています。規則を無視した構造はありえず、文としても成立しません。たとえば、以下の日本語は文として認めることができるでしょうか。

　　　を　　太郎　　教えた　　に　　が　　花子　　英語

　日本語の語が並んでいるのは理解できますが、どのような意味なのか、見当がつきません。つまり、構造がメチャメチャだからです。日本語の文として成立するためには日本語の規則に沿って、語を適切に配置しなければなりません。

　　　花子が　太郎に　英語を　教えた。

　上の文は日本語文として認めることができるでしょう。この文は次のような構造で成り立っています。

　　花子　が　太郎　に　英語　を　教えた
　　（主体）　（相手）　（対象）　（述語）

この構造は、「名詞と述語との関係は助詞によって示される」「助詞は名詞の後に来る」「述語は文の最後に来る」などの規則によって成立します。
　統語論の目的は、このように文のもつ構造を明らかにすることにあります。以下では、構造主義言語学で考案された方法論を具体的に見ていきましょう。

1.1　直接構成素分析（IC分析）

　言語の構造を表す手段としてブルームフィールド（→ p.116）によって提案されたのが、**直接構成素分析**（Immediate Constituent Analysis　**IC分析**）と呼ばれる分析方法です。これは、文の構造を**樹形図**を使って視覚的に明らかにするというものです。

　この方法を理解するために、「太郎が大きな弁当を食べた」という文をIC分析で表してみましょう。最初にこの文を一番大きなかたまりに分けます。そうすると、この文は「太郎が」「大きな弁当を」「食べた」という3つの成分に分かれます。この3つの成分を、文の下に、線でつないで表します。

次に、それぞれの成分をさらに小さい成分に分け、また線で結びます。その成分がさらに小さい成分に分かれるなら、同じことを繰り返します。

「大きな弁当を」は「大きな弁当」という成分全体に目的語を表す「を」が付いていることから、「大きな弁当」と「を」に分かれます。ここで

は「大きな」「弁当」「を」と3つの成分には分かれません。最後に「大きな弁当」は、「大きな」というナ形容詞（形容動詞）と「弁当」という名詞に分かれます。このようにして、最後の成分が1つの品詞になるまで続けると、樹形図ができあがります。

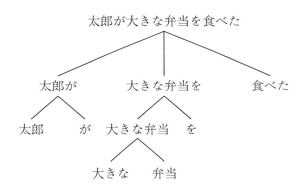

この樹形図の優れた点は、ただ文を眺めていただけではわからない文の構造が一目瞭然になっている点です。つまり、この文は「太郎が」「大きな弁当を」「食べた」という3つの主成分に分かれ、「太郎」に「が」が付くことから「太郎」は主語、「大きな弁当」に「を」が付くことで「大きな弁当」は目的語であることがわかります。さらに、「大きな弁当」から、「弁当」という名詞を「大きな」という形容詞が修飾していることがわかります。

このように、樹形図を眺めるだけで、この文の構成要素が容易にわかります。まるで、人間をレントゲン写真に撮ったかのように、その文の内なる構造を視覚的に確認することができるのです。

この分析方法は次のような**両義文**（同じ文なのに異なる2つの意味をもつ文）の違いを説明するのに威力を発揮します。

太郎が　大きな弁当の梅干を　食べた。

　この文の目的語である「大きな弁当の梅干」は、大きいのが弁当なのか、梅干なのか曖昧です。どちらの意味にもとれるからです。

　　　　　　　　　大きな弁当の梅干

 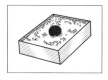

　　　①弁当が大きい　　　　　②梅干が大きい

この意味の違いはIC分析を使えば簡単に説明することができます。

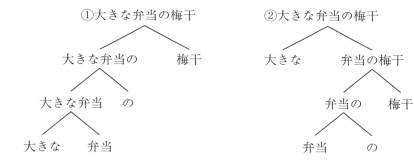

①では、大きいのは弁当ですから、「大きな」は「弁当」にかかります。これに対し、②では大きいのは梅干なので、「大きな」は「弁当の梅干」にかかり、「弁当の梅干」の主成分は「梅干」になるわけです。このように、IC分析によって描かれた樹形図は、文の形は同じであっても、その構造の違いで2つの異なる意味が生まれることを示してくれます。

やってみよう 23

次の文を直接構成素分析（IC 分析）で表してください。

(1) 太郎君が花子さんと結婚した。

(2) 父が古い時計のバンドを修理した（「古い時計」の意味）。

(3) 父が古い時計のバンドを修理した（「古いバンド」の意味）。

1.2　樹形図の特徴

これまでに見てきたように、直接構成素分析によって、文の構造を簡単に表すことができるようになりました。樹形図を見ることで、他言語の構造を理解することも容易になります。

たとえば、日本語と英語を比べると、語句の前に修飾語が並ぶ日本語は左に展開し、語句の後に修飾語が並ぶ英語は右に展開していくという特徴があります。「ホームランを打った松井選手」という名詞句とそれに対応する英語の "Matsui who hit a home run" とを比べてみましょう。

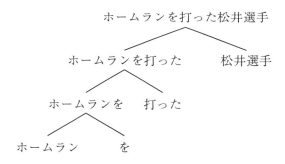

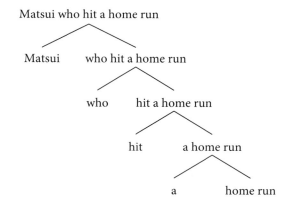

このように日本語の樹形図は左に展開することから、**左枝分かれ図**、英語は右に展開することから、**右枝分かれ図**と呼ばれます。IC 分析によって、左に展開する日本語と、右に展開する英語という構造の違いを視覚的に捉えることも可能になるのです。

1.3 直接構成素分析の限界

IC 分析によって多くの言語の構造が明らかになりましたが、統語的な研究が進むにつれ、新たな課題が浮上してきました。その代表例が、同義文（異なる文なのに同一の事実を表す文）や、より複雑な両義文（同じ文なのに異なる意味をもつ文）の分析です。これについて、具体的な例文で見ることにします。

まず、右のイラストを見てください。ここに描かれた事実が現実に起きたとしましょう。そうすると、太郎側の立場からは、「太郎が次郎をなぐった」と言えそうです。一方、次郎側の立場では、「次郎が太郎になぐられた」と言うことができる
でしょう。この 2 つの文を IC 分析すると、以下のような樹形図で表すことができます。

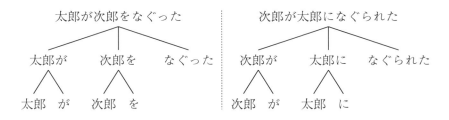

しかし、IC 分析でこの 2 つの文の構造を明らかにすることはできても、これらの文の関係性までは表すことができません。2 つの異なる構

造が示されるだけで、2つの文が同じ事象から派生したということは樹形図からはわからないからです。

次に、同義文だけでなく、両義文においても問題点が指摘されました。それは、次のような両義文の意味の違いを IC 分析では説明できないという批判です。

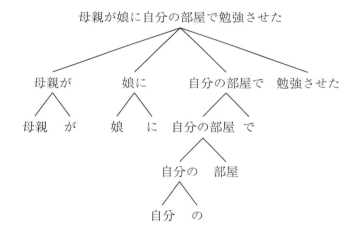

　　　母親が娘に自分の部屋で勉強させた

この文は、部屋が「母親の部屋」なのか「娘の部屋」なのか曖昧です。どちらにも理解できますが、その違いを IC 分析で説明することはできません。どちらの意味でも、以下のような同じ樹形図を描くしか方法がないからです。

このことから、構造主義言語学の客観的な言語記述には限界点が見え始め、新しい方法論の登場が待たれるようになりました。そこに登場したのがアメリカの若手言語学者であるチョムスキーでした。

史上最強の外国語教授法 "ASTP"

　第二次世界大戦中、アメリカ軍は情報収集や通訳活動を行うための語学要員の育成が急務となり、ASTP（Army Specialized Training Program）と呼ばれる言語教育プログラムを立ち上げました。このプログラムは、当時の構造主義言語学と行動主義心理学の最新理論によって構築された史上最強の言語教育プログラムでした。

　1943年から44年にかけて1万5千人の兵士に対し、日本語を含む27の言語が教えられました。学習期間は約9ヶ月間、週6日、一クラス10人前後の小数精鋭による、短期集中のスパルタ教育でした。この教授法のポイントは、"暗記"と"繰り返し"と"模倣"にあります。学習者の母語で文法理論が教えられた後、ネイティブスピーカーによって、徹底的な口頭練習が繰り返されました。

　このプログラムは伝説的な教育効果を挙げ、「ハウサ語を数週間学習しただけで、電話で15分間会話できた」「22年間シャム語を勉強していた大佐が見学に訪れ、たった3ヶ月の学習でネイティブのようにシャム語を話す兵士を見て驚いた」などの逸話が残されています。

　このプログラムに先立つ海軍日本語学校の参加者からはサイデンスティッカーやドナルド・キーンなどの著名な日本研究者が生まれています。戦後、この教授法はオーディオ・リンガル・メソッドとして世界中に普及しました。日本語テキストのベストセラー『みんなの日本語』も、この教授法をベースに作られています。

2. チョムスキーの言語理論

　構造主義言語学では、言語の客観的記述に主眼が置かれ、音声、音韻、形態の分野では大きな成果が上がりましたが、統語論ではそれほどの発展性が見られませんでした。チョムスキーは、ソシュール以降の言語学の方法論を厳しく批判し、それまでとはまったく異なる言語理論をもって言語学の世界に華々しく登場したのです。

　チョムスキーの理論の特徴は一言で言えば、普遍文法の構築です。それまでの個々の言語の研究には限界があることを訴え、すべての言語に共通する言語理論の確立を目指しました。そのために、言語そのものの客観的観察、記述から、言語を生み出すメカニズムの解明へと研究の方法論を大きく転換させたのです。以来、チョムスキーの理論は様々な変化を遂げていきますが、ここでは、チョムスキーの初期の理論（**変形生成文法**）を概観していきましょう。

2.1　帰納法と演繹法

　構造主義言語学における方法論の特徴は、検証可能な言語資料を客観的に分析し、文の構造を明らかにするというものでした。具体的な言語資料からその言語に内在する法則（言語体系）を導き出すというやり方は**帰納法**と呼ばれます。

　これに対し、チョムスキーは、文を作り出す能力に焦点を当て、私たち一人一人の頭の中に存在する言語能力がどのように文を作り出すか、仮説を立て、その過程を明らかにしようとしました。理論から現実の文を生成するモデルを考えようとした点で、チョムスキーの方法論は**演繹法**と呼ばれます。

　構造主義言語学で盛んに行われた直接構成素分析についても、チョムスキーの理論ではまったく異なったものになります。まず、言語を統御

する理論を構築し、その理論に基づいて文が生成されるとしたのです。以下、日本語文の生成について、チョムスキーの理論に基づいて説明しましょう。

2.2　日本語の句構造規則

　日本語の統語構造は述語を中心に、いくつかの成分から成ると考えます。これらの成分は名詞または名詞句に助詞が付いたもので、言語学では**後置詞句**と呼ばれます。これは以下のような規則にまとめることができるでしょう。

(1)文　→　後置詞句　〔＋後置詞句…〕　＋　述語
　　S　→　　PP　　　〔＋PP…〕　　　＋　Pred

【略語の説明】文＝Sentence（S）、後置詞句＝Postpositional Phrase（PP）、述語＝Predicate（Pred）、〔　〕はオプショナル

　まず、文はいくつかの後置詞句と述語によってできあがります。後置詞句の数は1つのものもあれば複数のものもあります。文を構成する後置詞句は名詞または名詞句に助詞が付いたものです。

(2)後置詞句　→　名詞／名詞句　＋　助詞
　　PP　　　→　　N/NP　　　　＋　P

【略語の説明】名詞句＝Noun Phrase（NP）、名詞＝Noun（N）、助詞＝Particle（P）、A/Bは、AまたはBのいずれか

　さらに、名詞句は名詞に形容詞、動詞または文（節）が付いた句とな

ります。

(3) 名詞句　→　形容詞／動詞／文　＋　名詞
　　NP　　→　　　A/V/S　　　　＋　　N

【略語の説明】形容詞＝Adjective（A）、動詞＝Verb（V）

最後に、述語には動詞、形容詞、そして名詞＋daがあります。

(4) 述語　→　動詞／形容詞／名詞＋da
　　Pred　→　　　V/A/N-da

　このような(1)～(4)の**句構造規則**に基づき、チョムスキーは次のように文が構築されると考えます。先ほど見た「太郎が大きな弁当を食べた」という文の構造は以下のようになります。

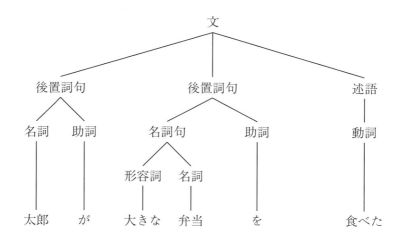

ここに見る樹形図は**句構造標識**（くこうぞうひょうしき）と呼ばれ、私たちの産出する文が文法規則に基づいてできていることを表しています。標識の一番上の「文」は「後置詞句＋後置詞句＋述語」という規則で成り立つことを表し、それぞれの「後置詞句」は「名詞（句）＋助詞」によって形成されています。このような句構造規則を活用することで、一番下にある具体的な文が産出されているわけです。

このように、チョムスキーは私たちの頭の中でどのように文が組み立てられるかを、理論的に示しました。構造主義言語学の IC 分析では、このような過程を経て組み立てられた後の文を、改めて分析していたことになります。チョムスキーはこの樹形図を、以下のように記号を使って表しました。

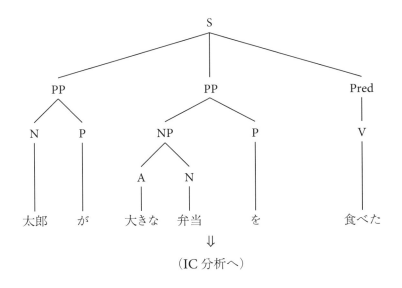

（IC 分析へ）

チョムスキーの句構造標識は、理論から現実の文を作り出す過程を示したという点で演繹的であり、帰納的な IC 分析とは対照的な立場にあると言うことができるでしょう。

やってみよう 24

チョムスキーの句構造標識(記号)で、「田中さんがアメリカでなつかしい友人と再会した」を表してください。

2.3 チョムスキーの文法理論

このように、チョムスキーはできあがった文を分析するのではなく、私たちが頭の中でどのようにして文を生成するのかを明らかにしようとしました。そのため、チョムスキーの唱える文法理論のことを**生成文法**と呼びます(初期の頃は**変形生成文法**と呼ばれました)。チョムスキーはすべての言語に共通する**普遍文法**が存在し、そこから**個別文法**が獲得されるとしました。以下、チョムスキー理論の基本的な考え方を解説します。

1) 普遍文法

チョムスキーは人間の赤ちゃんが生まれてから数年のうちに基本的な文法能力を身につけることに着目し、人間は生まれながらに言語の獲得を可能にする特別な能力をもっていると考えました。言い換えると、人間はどのような言語にも対応できる**言語獲得装置**をもって、生まれてくるということになります。

この装置は生まれたときにはどの言語もセットされていないニュート

Column

コラム5 「ノーム・チョムスキー」

チョムスキーは1928年ユダヤ系移民の子どもとしてフィラデルフィアに生まれました。父親は帝政ロシアの戦乱を逃れて1913年にアメリカに渡ったユダヤ人で、ヘブライ語の研究者となった父親とヘブライ語の教師である母親という家庭環境の中で育ちました。

チョムスキーの少年時代はパレスチナにユダヤ人国家を樹立させようとするシオニズム運動の最盛期であり、彼自身もそのような運動への思想的関与を強め、ユダヤ系アメリカ人としての生い立ちがその後の彼の政治信条の原点となっています。

1945年にペンシルベニア大学に進学したチョムスキーは言語学を学び、その後、修士課程、博士課程に進学、1955年に同大学から博士号を取得しました。大学院時代にハーバード大学のジュニアフェロー（特別研究員）に選ばれており、このときの研究がその後に発表する変形生成文法の原型になりました。

大学院卒業後、マサチューセッツ工科大学の助教授に就任したチョムスキーは1957年に言語学の革命的な本である『文法の構造』を発表、一躍時代の寵児として表舞台に躍りでます。1960年代から70年代にかけては、全世界に変形生成文法の嵐が吹き荒れました。その後、理論の修正、変更が繰り返され、現在では「極小主義」と呼ばれる最小限に簡潔化された理論になっています。

チョムスキーは反戦思想家としても有名であり、イラク、アフガン侵攻への非難を始め、日本の外交姿勢についてもたびたび批判的な意見を表明しています。彼のこれまでの著作は100冊以上に上り、生存する学者としてもっとも引用の多い研究者の一人となっています。

ラルな状態です。しかし、英語に触れると、この装置が作動して英語の文法を、日本語に触れると日本語の文法を獲得するようになります。環境に応じて、どのような言語にも対応できるという意味で、**普遍文法**と呼ばれます。この普遍文法は、人間であれば誰もが生まれながらに備えていることから、このような特徴を**言語の生得性**と呼びます。

　普遍文法（言語獲得装置）を備えた乳児はある特定の言語環境の中で育つと、その言語を習得します。習得された言語の文法は、普遍文法に対して、**個別文法**と呼ばれます。

2）言語能力と言語運用

　個別文法を獲得した人は、その言語を正しく使うことができる能力を身につけることになります。このような言語の知識を**言語能力**と呼びます。私たちはこの言語能力を使って様々な文を作り出しますが、これらの文が現実世界で使用されることを**言語運用**と呼びます。チョムスキーは言語研究の対象は言語運用ではなく、言語能力であるとしました。

(1)**言語能力**

　人間が母語を自由に使いこなす能力のことであり、すべての母語話者に備わった知識です。この知識によって私たちは文法的に正しい文を生成することが可能になります。

(2)**言語運用**

　個々の場面における実際の言語使用のことを言います。言語運用では、その場の状況、話し手の心理状態、肉体的状態といった要因から影響を受けます。完全な文として発話されることは少なく、語の省略や言いよどみ、間違いなどを含んだ文になります。また、言語運用においては、これまでに聞いたことのない、まったく新しい文を作り出すことが可能

であり、このような生産的な特徴を**言語の創造性**と呼びます。

　言語能力と言語運用の区別はソシュールのラングとパロールの区別と似ているため、しばしば混同されることがありますが、ソシュールの区別は「社会に共通する知識」と「個々人によるその運用」であるのに対し、チョムスキーの区別は「個人的な知識」と「個人によるその運用」であるという点で異なっています。最後にチョムスキーの理論をまとめると、以下のようになります。

3）深層構造と表層構造

　チョムスキーの変形生成文法では、どのような文でもそれが生成される段階で**深層構造**と**表層構造**の2つのレベルをもつと考えます。表層構造は私たちが実際に使っている現実の文に相当するものですが、その文は話し手の頭の中にある抽象的な言語構造（深層構造）に、ある種の規則を適用することによって生成されると考えました。

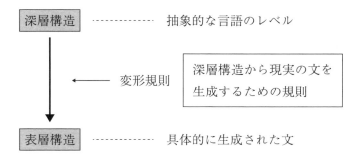

深層構造では、句構造規則によってある程度の文の形を整えますが、それはあくまで大まかな文法規則であり、これだけでは誤った文を生成する可能性があります。たとえば、

　　　大きな弁当が　太郎を　食べる

という文は、日本語の句構造規則「文→後置詞句（＋後置詞句…）＋述語」では正しい文となります。

　　　<u>大きな弁当が</u>　<u>太郎を</u>　<u>食べる</u>
　　　　後置詞句　　　後置詞句　　述語

このような不自然な文を排除するためには、語彙的な規則が必要となります。チョムスキーは、以下のような語彙目録（辞書）を設定し、統語面だけでなく意味面もサポートしました。

　　　食べる：[名詞 ガ 名詞 ヲ ＿＿＿]
　　　　　　　（生物）　（食べ物）

　上の下線部「＿＿」は「食べる」が現れる場所を示します。この語彙目録から、「食べる」では人間などの生物が主語（〜が）に、食べられる物が目的語（〜を）に入るということがわかります。この規則によって、

　　　太郎が　大きな弁当を　食べる

という正しい文が生成されることになるわけです。変形生成文法では、これらの語彙目録を深層構造に加えることによって、句構造規則だけで

はカバーできない意味的な側面をサポートしました。

4）文が生成されるプロセス

　チョムスキーは、これらの規則にしたがい、基本的な構造を深層構造に立て、それを変形させる形で、現実の文（表層構造）を導くようにしました。

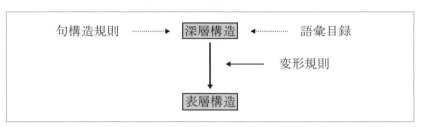

図18　文の生成のプロセス

　このチョムスキーによって提案された変形生成文法が、直接構成素分析では不可能だった同義文や両義文の難題を見事に解決したのです。では、どのように解き明かしたのでしょうか。チョムスキーの魔法のような解決方法を見ていきましょう。

5）同義文の分析

　構造主義言語学では、能動文とそれに対応する受身文は、同じ事実を表しながらも、異なる文として理解するしか方法はありませんでした。この2つの文の関係性について、変形生成文法では同一の深層構造から異なる表層構造が派生すると説明します。このことを「太郎が次郎をなぐった」という能動文と「次郎が太郎になぐられた」という受身文の関係で見てみましょう。なお、ここで見る変形プロセスは、読者の方が理解しやすいようにイメージ化したものであり、実際の変形プロセスとは異なります。

(1) 太郎が次郎をなぐった
(2) 次郎が太郎になぐられた

(1)の分析
【深層構造】太郎が　次郎を　なぐる（過去）
　　　　　　　　　↓　←── 時制規則（動詞を過去形に）
【表層構造】太郎が　次郎を　なぐった

(2)の分析
【深層構造】太郎が　次郎を　なぐる（過去）
　　　　　　　　　↓　←── 受動態変形規則（次郎の立場に立つ）
　　　　　　　　　　　　　（が→に、を→が、動詞→受身形）
　　　　　太郎に　次郎が　なぐられる（過去）
　　　　　　　　　↓　←── 時制規則（動詞を過去形に）
　　　　　太郎に　次郎が　なぐられた
　　　　　　　　　↓　←── 語順変換規則（主語を一番前に）
【表層構造】次郎が　太郎に　なぐられた

　このように深層構造を同一にすることで、同じ事実を見ていながら、話者の視点の違いによって異なる文が生成されるのがわかります。

図19　同義文の分析

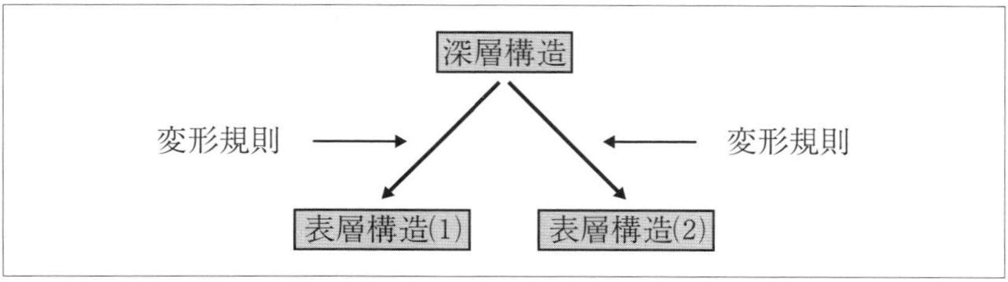

```
                    ┌──────┐
                    │深層構造│
                    └──────┘
         変形規則  ↙      ↘  変形規則
         ┌────────┐  ┌────────┐
         │表層構造(1)│  │表層構造(2)│
         └────────┘  └────────┘
```

6）両義文の分析

では、同じ文でありながら、異なる解釈を受ける両義文はどのように分析するのでしょうか。両義文は同義文とは反対に、2つの異なる深層構造が変形規則を受けて、偶然にも1つの表層構造になると解釈します。

(1)母親が娘に自分の部屋で勉強させた（自分＝娘）
(2)母親が娘に自分の部屋で勉強させた（自分＝母親）

(1)の分析

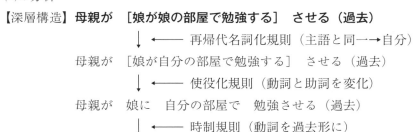

(2)の分析

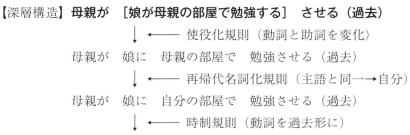

両義文は同義文とは反対に、2つの異なる深層構造にそれぞれ変形規

則がかかり、結果として同じ表層構造になったことになります。

図20　両義文の分析

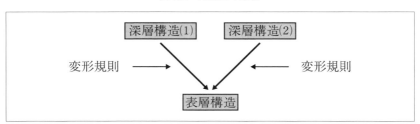

こうして、チョムスキーは構造主義言語学では解決できなかった難題の解決方法を示し、新しい言語研究への道を開いたのです。

7）チョムスキー理論のその後

構造主義言語学の統語論に行き詰まっていた多くの言語学者たちはこの斬新な理論に飛びつきました。ここで紹介したチョムスキーの理論は標準理論（1960年代）と呼ばれるものですが、この頃はまさに変形生成文法の全盛時代であり、向かうところ敵なしという状況でした。しかし、多くの研究者がかかわることで様々な矛盾点が指摘されるようになり、そのような批判に応えるために、チョムスキーは理論の修正、変更を重ね、現在では変形操作をまったく行わない理論になっています。そのため、チョムスキーの理論は、当初の「変形」という言葉をとって、単に生成文法と呼ばれるようになっています。

また、理論体系が目まぐるしく変わる中で多くの研究者が離れ、意見の対立から内部分裂が起きるなどし、現在では必ずしも多数派の理論とは言えなくなっています。しかし、言語の客観的記述という構造主義言語学の方法論から人間の認知面の解明に目を向けたチョムスキーの取り組みは革新的であり、言語学にとどまらず、哲学、論理学、認識論、心

理学、数学などの多くの分野に影響を与えています。今後の言語研究は、コンピューター科学、情報学、医学などの分野とも連携を深めつつ、認知科学という大きな枠組みの中でさらなる発展を期待されています。

やってみよう 25

次の文章はチョムスキーの言語習得理論について述べたものです。空所(1)〜(6)に補うべきもっとも適切な語を、下から選んで記入してください。

変形生成文法は、人間なら誰でも、比較的短期間で言語の習得を可能にする(1)＿＿＿＿を生まれながらにもっていると考えます。この言語の(2)＿＿＿＿によって、生後の短い期間に言語を習得することが可能になります。1つの言語を習得したということは、1つの(3)＿＿＿＿を獲得したことを意味します。これは、その言語の使用を可能にする言語知識を身につけたことになり、このような能力を(4)＿＿＿＿と呼びます。この能力によって作り出された文を現実に使用することを、(5)＿＿＿＿と呼びます。(5)＿＿＿＿ではまったく新しい文を自由に使用することが可能であり、このような特徴を言語の(6)＿＿＿＿と呼びます。しかし、(5)＿＿＿＿では、言いよどみや間違いなどがあることから、言語研究の対象は(4)＿＿＿＿であり、(5)＿＿＿＿はその対象からはずれるとされました。

```
a. 学習        b. 個別文法     c. 生得性      d. 創造性
e. 会話能力    f. 文法         g. 言語運用    h. 言語能力
i. 言語獲得装置（普遍文法）
```

第5章のまとめ 「統語論」

1．統語論とは
1．1　直接構成素分析
　　　　①IC分析　②樹形図
1．2　樹形図の特徴
　　　　①左枝分かれ図（日本語などの言語）
　　　　②右枝分かれ図（英語などの言語）
1．3　直接構成素分析の限界

2．チョムスキーの言語理論
2．1　帰納法と演繹法
2．2　日本語の句構造規則（句構造標識）
　　　　文→後置詞句〔＋後置詞句…〕＋述語
2．3　チョムスキーの文法理論
　1）普遍文法
　　　　①言語獲得装置　②言語の生得性　③個別文法
　2）言語能力と言語運用　言語の創造性
　3）深層構造と表層構造
　4）文が生成されるプロセス　→　変形生成文法
　　　　句構造規則………▶ 深層構造 ◀………語彙目録
　　　　　　　　　　　　　　↓　←　　　　　変形規則
　　　　　　　　　　　　　表層構造
　5）同義文の分析
　　　　1つの深層構造→2つの表層構造
　6）両義文の分析
　　　　2つの深層構造→1つの表層構造
　7）チョムスキー理論のその後

総合問題5

　人間はどのようにして言語を身につけるのでしょうか。この命題には2つの考え方があり、激しい論争が続けられています。それは、「学習モデル」としての後天説と、「獲得モデル」としての生得説です。
　「学習モデル」は、1940年〜1950年代のアメリカで広く支持されていた①行動主義心理学によって確立されました。この理論では、人間が生後身につけるあらゆる行動は、②刺激と反応が反復することによって結びつき、それが強化を受けることによって形成された習慣であると考えました。人間の母語の獲得も、他の行動の学習と同様に習慣形成の過程によるものであるとされたのです。
　これに異を唱えて現れたのが、③チョムスキーでした。チョムスキーは、言語がもし生後の条件付けや学習で身につく能力であるとするならば、限られた刺激と未発達な推論能力だけで、幼児が数年のうちにほぼ完全に母語を習得できるという事実を説明できないと考えたのです。④限りある言語データで、どうやって幼児は無限に近い文を発話したり、理解したりできるようになるのでしょうか。
　チョムスキーは、人間には生まれながらに⑤言語獲得装置が備わっており、この装置が働くことで、幼児の発達過程において言語の獲得を可能にすると考えたのです。チョムスキーの考えは、第二言語習得理論に大きな影響を与え、初期の中間言語仮説や⑥モニター理論を支える理論となりました。
　その後、認知的アプローチや社会的相互交流論などを唱える経験主義者の登場によって、言語習得は一般的な認知学習能力で説明できるものとして、後天的な学習の重要性が再認識されるようになりました。
　言語の生得説と後天説の議論は現在も続いており、この命題に対する結論はまだ出ていません。

問1　下線部①に関して、正しいものを1つ選んでください。
a. 他者の行動によって引き起こされた心的影響を考察する。
b. 心理学の研究を研究室の外で行動的に行う。
c. 人間の内面を、外部から客観的に観察しうる行動を通して研究する。
d. 外的要因によって生じる精神的外傷を研究する。

問2　下線部②の考え方を基盤とした教授法を、次の中から選んでください。
a. オーディオ・リンガル・メソッド　　b. 直接法
c. コミュニカティブ・アプローチ　　　d. ナチュラル・アプローチ

問3　下線部③のチョムスキーの理論について、正しくないものを1つ選んでください。
a. 初期の理論では深層構造から変形操作によって表層構造が生まれる。
b. 言語能力の解明が研究の目的となっている。
c. 言語の創造性は新しい文を無限に作り出せる性質を言う。
d. ラングを研究の対象にすべきだとした。

問4　下線部④の具体例として、もっとも適当なものを選んでください。
a. 両親の話しかける言葉　　　　b. テレビから流れる情報
c. 学校で習う言葉　　　　　　　d. 友達との交流による情報

問5　下線部⑤と同じ意味で使われるものを下から選んでください。
a. 言語運用　　b. 個別文法　　c. 言語能力　　d. 普遍文法

問6　下線部⑥に関し、この理論と関係の深い人を選んでください。
a. ラネカー　　b. セリンカー　　c. クラッシェン　　d. トマセーロ

第6章
意味論

第6章　意味論

キーワード

1．意味論とは
☐ 成分分析　☐ 意義素　☐ 文法的／語義的／含蓄的特徴　☐ 同義関係　☐ 同義語／類義語　☐ 反義関係　☐ 反義語／対義語　☐ 連続的反義関係（反意関係）　☐ 両極的反義関係（対極的反義関係）　☐ 視点的反義関係（逆意関係）　☐ 相補的反義関係（排反関係）　☐ 包摂関係　☐ 上位語／下位語　☐ 非両立関係　☐ 連語　☐ 慣用句（イディオム）　☐ 命題／前提／含意

2．談話における文の意味（語用論）
☐ 語用論　☐ 談話　☐ コンテクスト　☐ 結束性／統合性　☐ 話し手の意図　☐ 聞き手の解釈　■ オースティン　☐ 発話行為　☐ 発語行為／発語内行為／発語媒介行為　■ サール　☐ 間接発話行為　■ グライス　☐ 協調の原理　☐ 会話の含意　☐ 会話の行動指針（公理）　☐ 量／質／関係／様式の行動指針

3．言語・文化・思考
☐ 意味の三角形　■ オグデン　■ リチャーズ　☐ サピア・ウォーフの仮説　■ サピア　■ ウォーフ　☐ 言語決定論　☐ 言語相対論　■ フンボルト　■ ボアズ

　伝統的な意味論では、統語論の単位である語、句、文の意味を考えてきました。しかし、現在では、談話における文の意味を研究する語用論、認知的な視点で意味を捉える認知意味論が盛んです。この章では、伝統的な意味論と語用論について考え、認知的なアプローチは第7章で詳しく扱います。

1．意味論とは

　言語の目的は、音声や文字という記号を使って、自分の考えを相手に伝えることにあります。そのため、意味のある内容を相手に理解してもらうことが重要になります。この点で、意味論は、言語学の中でも重要な位置を占めることになります。しかし、言語学の歴史の中で、音韻論、形態論、統語論と比べると研究が遅れていた分野でもあります。それは、意味の抽象性と無縁ではありません。どのように意味を捉え、分析するか、これまでの研究から最新の取り組みまでを概観します。

1.1　語の意味

　意味論の重要な課題の一つに語（形態素も含む）の意味を明らかにすることがあります。皆さんはある言葉の意味がわからないとき、どのようにその意味を知ろうとしますか。多くの人は辞書を使って意味を調べるのではないでしょうか。では、この辞書を引いて意味を調べるということは意味論の観点では、どういう意義があるのでしょうか。

1）辞書による意味

　日本に来たばかりの外国人が日本語の勉強を始めたとしましょう。この外国人から「冷たい」という意味を聞かれたあなたは、上手に説明するために辞書を引いてその意味を確かめることにしました。手元にある大辞林でその意味を調べてみると、以下のような記述がありました。（以下、下線は筆者によります。）

①冷たい：物の温度が低くて<u>ひややか</u>である。

「物の温度が低い」というのはわかりやすいですが、「ひややか」という

のは少し難しい言葉ですね。そこで、この「ひややか」という言葉を調べることにしました。そうすると、

②ひややか：なんとなく冷たく感じるさま。冷えていると感じるさま。

とありました。「冷たく感じる」というのは、「冷たい」と同じなので、最初の意味に戻ってしまうことになります。その後にある「冷えていると感じる」はどうでしょうか。ここに使われている「冷える」という動詞をまた、調べてみました。そうすると、

③冷える：物の温度が下がって冷たくなる。また、そのように感じる。

とありました。「冷える」が「冷たくなる」ことだとすると、出発点である「冷たい」に戻ってしまいましたね。つまり、「冷たい」と「ひややか」と「冷える」は、それぞれの意味をお互いの言葉で説明しあっていることになります。このように同じような言葉が繰り返される環境を"Vicious Circle"（堂堂巡り）と呼んでいます。

　この事例からわかることは、辞書が示す意味というのは、その語の本質的な意味というよりも、その語の意味に近い同義語や類義語による説明であるということになります。日本語の知識がある日本人が語の意味を調べるには有益ですが、意味論の観点から見ると、辞書の説明は必ずしも本質的な意味を伝えるものではないと言えます（現在では、後述の「意義素」を取り入れている辞書も出ていますが、多くの辞書では今なお同義語的な説明が主体となっています）。

2）成分分析

　このことから、構造主義言語学（主にアメリカ記述言語学）では、よ

り本質的な意味の解明に挑戦しました。それは、弁別的素性（音を他の音と区別する特徴）によって記述する音声の分析方法をヒントに、語の意味も弁別的な特徴を見出すことによって分析するというものでした。

たとえば、人間であれば、「人間」「男性」「一世代上」「一世代下」「直系」「準直系」などの基本的な意味成分を用い、それをプラスかマイナスかの二者択一で選ぶというものです。

　男：　　＜＋人間＞＜＋男性＞
　女：　　＜＋人間＞＜－男性＞
　父：　　＜＋人間＞＜＋男性＞＜＋一世代上＞＜＋直系＞
　娘：　　＜＋人間＞＜－男性＞＜＋一世代下＞＜＋直系＞
　おじ：　＜＋人間＞＜＋男性＞＜＋一世代上＞＜＋準直系＞

それぞれの意味の特徴や違いがわかりやすく示され、似ている語との比較には適しています。しかし、分析に使われる意味成分をどのような要素にするかは研究者によって意見が異なることが予想されます。上に見た「娘」であれば、

　娘：　　＜＋人間＞＜＋女性＞＜＋一世代下＞＜＋肉親＞

のように、＜－男性＞＜＋直系＞を＜＋女性＞＜＋肉親＞にしてもいいわけで、意味成分の設定には議論の余地があります。

　また、「父」や「母」などの具体的な人物ではなく、「あいにく」や「せっかく」などの抽象的な意味の分析になると、意味成分の決定はさらに難しくなります。これに加えて、20数個の音を分析する音声と比べ、何十万にも及ぶ語の意味を統一的に記述する意味成分の設定は不可能に近いと言えるでしょう。

3）語の意義素

このような成分分析に対し、場面や文脈によって影響を受ける意味を排除して、社会的に共有されている特徴のみを記述する試みが語の**意義素**という考えです。言語学者によって異なる定義がされていますが、国広哲弥（1982）は次の3つのポイントから語の意義素を説明しています。

①**文法的特徴**（品詞的特徴・統語的特徴）
②**語義的特徴**（前提的特徴・本来的特徴）
③**含蓄的特徴**（文体的特徴・喚情的特徴・文化的特徴）

この3つの特徴を、「独身者」という言葉で説明してみましょう。

＜「独身者」の意義素＞
①文法的特徴
　・品詞的特徴　→　名詞である
　・統語的特徴　→　主語や目的語になる
②語義的特徴
　・前提的特徴　→　人間である／大人である
　・本来的特徴　→　結婚していない人である
③含蓄的特徴
　・文体的特徴　→　他の類義語と比べて文語的で、硬い感じがする
　・喚情的特徴　→　自由で気ままである
　・文化的特徴　→　社会的信用度が低い

①「文法的特徴」は文法的な働きに関する特徴です。言葉の品詞にかかわる特徴が「品詞的特徴」で、文の中における機能が「統語的特徴」です。「独身者」は名詞であり、文の中では主語や目的語として使われます。

②「語義的特徴」はその語の語彙的な特徴であり、否定文にしたときに否定されない部分が「前提的特徴」で、否定される部分が「本来的特徴」となります。「Aさんは独身者ではない」と言ったとき、「Aさんは人間であり大人である」という前提は否定されませんが、「結婚していない」という「本来的特徴」は否定されます。

③「含蓄的特徴」における「文体的特徴」は言葉の文体に関する特徴であり、「独身者」は「独り者」や「シングル」などの話し言葉と比べ、書き言葉として使われることが多く、文語的な言葉となります。

「喚情的特徴」とは聞き手の情緒面に影響を及ぼすもので、「Aさんは独身者だ」と言ったときに聞き手が抱くイメージです。一般的に「自由で気まま」と感じる人が多いでしょう。

最後の「文化的特徴」はその文化に特有の意味で、日本では欧米に比べると、独身者に対する社会的信用度は低いと言われます。しかし、最近ではこのようなイメージをもたない人が増えているのも事実です。

やってみよう26

「さえずる」という言葉を国広の「語の意義素」の観点から考え、空欄を埋めてください。

さえずる	(1)文法的特徴	品詞的特徴	
		統語的特徴	述語になる。1項動詞（〜ガ V）
	(2)語義的特徴	前提的特徴	
		本来的特徴	
	(3)含蓄的特徴	文体的特徴	文語と口語で使われる
		喚情的特徴	
		文化的特徴	春の季語で、求愛の鳴き声を表す

1.2 語の意味関係

語の意味を他の語との関係の中で捉えようとする方法もあります。この関係には、共通の意味を有する**同義関係**や反対の意味をもつ**反義関係**、ある意味がより大きな意味概念に含まれる**包摂関係**などがあります。

1）同義関係

2つ以上の語が共通する意味をもつとき、同義関係にあると言い、これらの語を**同義語**（または**類義語**）と呼びます。たとえば、「父親」の同義語には、「父上」「父」「おやじ」「お父さん」「とうさん」「お父様」「パパ」などがあり、明示的な意味は同じですが、社会的な立場や状況によって使われ方が異なると言えます。

その他にも、「先生」であれば、学校で教える「教師」や「教員」、武芸や芸術などを教える「師匠」など、「教える人」という共通する意味の中で、その使われ方が異なるわけです。その他の同義語の例をいくつか挙げましょう。

(1) 独身者／独り者／未婚者／非婚者／シングル
(2) 言う／述べる／話す／しゃべる／
(3) 逃げる／逃走する／逃亡する／ずらかる
(4) 作る／こしらえる／製作する／製造する／作成する

このような同義関係に対し、文脈によって、同義語となる場合があります。「入る」と「上がる」は異なる意味をもつ動詞ですが、「家に入る」と「家に上がる」では同じ意味になります。同様に、「風呂から出る／上がる」、「医者が見る／診察する」、「ネクタイを締める／する」など、使われる状況によって異なる動詞でも同義語となる場合があります。

2）反義関係

同じ意味を共有する同義語に対し、意味的に対立する関係にある語を**反義語**（または**対義語**）と呼びます。反義語の関係には様々なものがありますが、以下の4つの関係が代表的なものです。

(1)連続的反義関係（反意関係）

互いに反対の意味でありながら、連続的な意味のつながりがあり、ある基準点で両者に分けられるものです。たとえば、「長い－短い」では、中間点を基準に話し手が短い、長いの判断をすることになります。

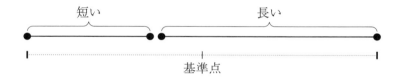

したがって、全体の長さが異なれば、「短い」とされた長さでも基準に照らして「長い」と判断されることになります。

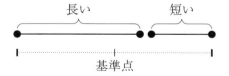

このような関係では、「もっと」「少し」など基準の程度を表す副詞を添えて、「もっと短い」や「少し長い」などと言えるのが特徴です。「短い－長い」の他にも、「重い－軽い」「高い－低い」「高い－安い」「太い－細い」「浅い－深い」「厚い－薄い」「多い－少ない」「広い－狭い」

「大きい－小さい」などがあります。

(2)両極的反義関係（対極的反義関係）

　ものごとの両極端に位置する反義関係で、両者の間には連続性は感じられません。「天国－地獄」という両極的関係では、どこからどこまでが天国と地獄という区分があるわけではなく、まさに対極に位置する関係であると言えます。

このような関係の語には、「北極－南極」「プラス－マイナス」「天－地」「正－負」「ぴん－きり」「(山の)頂上－ふもと」「最大値－最小値」「(株価の)最高値－最安値」「最上位－最下位」などがあります。

(3)視点的反義関係（逆意関係）

　一つの事態を異なる立場や視点から見ることで、相対する語として扱われることがあります。たとえば、「行く」という動作は相手からすれば「来る」という動作になります。このように、一つの事態を相反する視点で表現する「行く－来る」は視点的な反義関係になります。

　このような反義関係には「売る－買う」「勝つ－負ける」「あげる－もらう」「預ける－預かる」「貸す－借りる」「発注－受注」などがあります。

⑷相補的反義関係（排反関係）

　一方でなければ他方であるという関係で、限定された範囲の中でどちらかに必ず属する関係になります。たとえば、「男－女」という関係では、人間は男か女のいずれかに属すわけで、男でなければ女であり、女でなければ男であるという、「一方の否定は他方の肯定」という関係が成り立ちます。

　この他にも、「出席－欠席」「内－外」「（紙の）表－裏」「肯定－否定」「はい－いいえ」「合格－不合格」「採用－不採用」「既婚－未婚」「生－死」「（犯人かどうかという意味の）白－黒」「当たり－はずれ」などがあります。

　4つの代表的な反義関係を見ましたが、これら以外にも、空間的に反対の方向性を示す「右－左」、「前－後」、「北－南」「西－東」、「上－下」、反対の動作を表す「着る－脱ぐ」「出国－帰国」「（メガネを）かける－はずす」「（ドアを）開ける－閉める」「離陸－着陸」「登校－下校」、特定の関係の中で相対する立場を表す「夫－妻」、「親－子」、「先生－生徒」、「売り手－買い手」、「大家－店子」「師匠－弟子」などがあります。

やってみよう27

　連続的反義関係のところで見たような形容詞において、A–Bの対立が中和することがあります。たとえば、「広い－狭い」の対立が「この

部屋は広いが、その部屋は狭い」に見られますが、「その部屋の広さはどれくらいですか」の「広さ」においてはこの対立が認められません。後者の文の「広さ」は面積の程度を表しており、「広い」という意味はないからです。では、次の下線を引いた語について、対立が中和しているものに○を、していないものに×を付けてください。

(1) (　) 芸能人のような格好で、友美さんの派手さには驚いたよ。
(2) (　) あなたの娘さんの背の高さはどれくらいですか。
(3) (　) 釣った魚の大きさを測ったら、35センチでした。
(4) (　) カナダの冬の寒さは日本人には想像できません。
(5) (　) うちの子どもと比べて、君の息子の頭の良さがうらやましい。

3）包摂関係

　ある概念がより大きな概念に包括される関係のことを包摂関係と言います。その場合、包括される概念を**下位語**、包括する概念を**上位語**と呼びます。果物の例で言えば、「リンゴ」や「ブドウ」や「ミカン」という個々の食べ物は「果物」という語に包括されますが、「果物」は「野菜」や「肉」や「魚」とともに、より上位の語である「食べ物」に含まれます。

　この場合、「リンゴ」「ブドウ」「ミカン」と「果物」の関係は下位語と上位語ですが、上位語であった「果物」は、「肉」「野菜」とともに、

上位語である「食べ物」との関係では下位語になります。このように、包摂関係のどこを見るかによって、同じ語でも下位語になったり、上位語になったりします。

　この世に存在するものは何らかのカテゴリーに分類できるため、どのようなものにも包摂関係は存在します。その他の例を以下に挙げます。（「A＜B」はAが下位語、Bが上位語を意味します。）

　(1) 柴犬＜日本犬＜犬＜動物
　(2) 鯉＜淡水魚＜魚＜魚介類＜生物
　(3) ポルシェ＜スポーツカー＜自動車＜乗り物
　(4) モンシロチョウ＜蝶類＜昆虫＜生物
　(5) 鉛筆＜筆記用具＜文房具＜事務用品

4）非両立関係

　包摂関係における下位語は上位語の概念に包括されるという関係にありますが、下位語は上位語とともに用いて、「これはリンゴであり果物である」と言うことができます。しかし、下位語どうしは「これはリンゴでありブドウである」とは言えないように、同時に成り立ちません。このように、同じ意味概念に属する語どうしが同時に成り立たないような関係を**非両立関係**と呼んでいます。

　しかし、同じ意味概念に属する語であっても両立するものがあるので、注意が必要です。たとえば、「金持ち」「やさしい」「ハンサム」という語は人間の属性という点で同じ意味概念に含まれますが、一人の人間について、「金持ち」で「やさしく」て「ハンサム」ということが同時に成り立つため、「彼は金持ちで、やさしくて、ハンサムだ」と言うことができるのです。

　次頁に互いに共存できない非両立関係の例を挙げます。

(1)曜日：月曜日・火曜日・水曜日 …
(2)国名：日本・中国・韓国・アメリカ・カナダ …
(3)成績：秀・優・良・可・不可
(4)動物：犬・猫・猿・象・キリン・カバ …
(5)季節：春・夏・秋・冬

　以上、語の意味について、他の語との関係から見てきました。語の意味は独立して存在するのではなく、大きな意味領域の中で区分けされるように存在しているのがおわかりいただけたでしょうか。

やってみよう28

　以下に示されている観点と異なるものを、それぞれ1つ選んでください。

(1)同義関係
　　a. 挑戦する－挑む　　b. 後悔する－悔る　　c. 詫びる－謝る
　　d. 忘却する－忘れる　e. 起床する－起きる
(2)連続的反義関係
　　a. 濃い－薄い　　　　b. 硬い－柔らかい　　c. 緩い－きつい
　　d. 嬉しい－楽しい　　e. 遅い－速い
(3)両極的反義関係
　　a. 北－南　　　　　　b. 天－地　　　　　　c. 首位－最下位
　　d. 善－悪　　　　　　e. 最高－最低

(4) 視点的反義関係
　　a. 上り坂－下り坂　　　b. 点ける－消す　　　c. 貸与－借用
　　d. 教える－教わる　　　e. 売却する－購入する
(5) 相補的反義関係
　　a. オス－メス　　　　　b.（電源）入－切　　　c. 有罪－無罪
　　d. 雨－晴れ　　　　　　e.（コイン）裏－表
(6) 包摂関係
　　a. 金－財布　　　　　　b. シェパード－犬　　　c. パン－食べ物
　　d. 夏－季節　　　　　　e. ウイスキー－酒
(7) 非両立関係
　　a. 4月－10月　　　　　b. ヘビ－トカゲ　　　　c. 甘い－辛い
　　d. 熱い－冷たい　　　　e. 冷蔵庫－冷凍庫

1.3　句の意味

　ここまで、同義関係、反義関係、包摂関係、非両立関係といった意味領域における関係性によって、語の意味を考えてきました。次に、他の語と一緒に一つの意味を形成するものを見てみましょう。このような語と語の組み合わせも語の意味を考える上で重要な要素となります。

　ある語が他の語と一緒に使われるとき、語の本来的な意味を伝えるものを**連語**、本来の意味とはかけ離れた意味を伝えるものを**慣用句（イディオム）**と呼びます。両者について具体的に見てみましょう。

1）連語

　日本語では名詞を見れば、それと一緒に使われる動詞が決まっているものが多くあります。たとえば、「風邪」であれば「風邪をひく」、「アイロン」であれば「アイロンをかける」、「恥」であれば「恥をかく」、

などです。このような組み合わせを知らない日本語学習者は、「風邪を
もつ」「アイロンをする」「恥を受ける」など、不自然な表現を使うこと
があります。

連語では名詞とともに使われる動詞の意味が希薄になり、ほとんど
「する」と同じ意味になっているものが多くあります。したがって、名
詞の意味がわかれば、連語の意味もだいたい理解できることが多いと言
えるでしょう。

連語によっては同じ意味でも組み合わせが複数あるものもあります。
「汗をかく／流す」、「手紙をしたためる／書く」、「風呂をたく／わかす」
などがそのような例です。

やってみよう29

次の名詞の動作を表すのに、連語としてよく使われる動詞を括弧の中
に入れてください。

(1)迷惑を　　（　　　　　）　　(2)弱音を　　（　　　　　）
(3)いびきを　（　　　　　）　　(4)ピアノを　（　　　　　）
(5)写真を　　（　　　　　）　　(6)鍵を　　　（　　　　　）
(7)あぐらを　（　　　　　）　　(8)シャワーを（　　　　　）
(9)芝を　　　（　　　　　）　　(10)掃除機を　（　　　　　）

2）慣用句（イディオム）

慣用句は2語以上が結合し、固定化された表現として使われ、全体の
意味がそれを構成する語の意味からは推測しがたいものを言います。た
とえば、「足を洗う」は、「悪事やよくない仕事を辞めて正業につく」と

いう意味ですが、「足を洗う」という本来の意味からはかけ離れたものになっています。

その他にも、「頭が切れる」「頭を冷やす」「油を売る」「釘をさす」「さじを投げる」「手を切る」「色をつける」「羽を伸ばす」「足元を見る」「穴を開ける」「骨を折る」などがあります。これらの表現では、慣用句の意味とともにそれらの語本来の意味も成立するのが特徴です。たとえば、「頭が切れる」は「頭脳明晰で頭の回転が速い」という慣用句の意味とともに、怪我をして「頭が切れる」という意味でも使うことができます。

これに対して、文字通りの意味が成立せず、慣用句としてだけの使用に限られるものがあります。「腹が立つ」「猫をかぶる」「高をくくる」「棒に振る」「歯が浮く」「割を食う」「腕が鳴る」「目を皿にする」などがそのような例です。

慣用句は、連語より語と語の結合性が強いため、その他の語で言い換えたりすることができません。「油を売る」を「オイルを売る」と言ったり、「さじを投げる」を「さじを放り投げる」、「手を焼く」を「手を燃やす」などと言ったりすることはできないでしょう。連語であれば、「風邪をひく」は「風邪にかかる」「風邪がうつる」、「医者にかかる」は「医者に行く」「医者に診てもらう」など、その組み合わせには柔軟性があり、連語以外の言い方でも同様の意味を表すことが可能となります。

やってみよう30

次の組み合わせについて、本来の表現とされる語句はどれになるでしょうか。1つ選んでください。

(1)怒り心頭に_____（激しく怒る）
  a. 発する   b. 達する   c. 来る   d. のぼる

(2) _____に据えかねる（我慢できない思い）
　a. 腹　　　　b. 肝　　　　c. 頭　　　　d. 顔

(3) _____を振りまく（周囲の人に明るくふるまう）
　a. 愛想　　　b. 笑顔　　　c. 笑い　　　d. 愛嬌

(4) _____を濁す（はっきりと言わない）
　a. 口　　　　b. 意見　　　c. 気持ち　　d. 言葉

(5) 白羽の矢が_____（多くの人の中から選ばれること）
　a. 立つ　　　b. 当たる　　c. 向かう　　d. 刺さる

1.4　文の意味

　ここまで語の意味について考えてきましたが、いくつかの語が結合して句になり、それらの句が組み合わさってできるのが文です。このような文のもつ意味について考えてみましょう。

　文の意味を考える場合、その文を独立した単独の文として分析する方法と、その文が使われる文脈や状況を考慮して分析する方法があります。後者の意味分析は**語用論**と呼ばれ、近年その研究が盛んになっています。語用論については次項で詳しく説明します。ここでは、単独の文の意味について考えてみましょう。

1）独立した文の意味

　まず、独立した文を構成する語や句によって成立する意味を考えてみましょう。独立した文においては、**命題**と**前提**と**含意**という3つの意味を考える必要があります。

Column

コラム6 「国語に関する世論調査」

文化庁は国語施策の参考とするため、日本語に関する意識調査を平成7年度から毎年実施しています。この調査では、毎回誤用が多いとされる言葉や慣用句が取り上げられています。その中から

正答率が低いものを質問形式（一部省略：本来は5択）で紹介しますので、皆さんの言葉に対する意識をチェックしてみましょう。次の(1)～(4)の言葉や慣用句について、皆さんは普段どちらの意味で使っているでしょうか。

(1) 檄を飛ばす（正答率：14.6％）
　□元気のない者に刺激を与えて活気付けること
　□自分の主張や考えを、広く人々に知らせて同意を求めること

(2) 姑息（正答率：12.5％）
　□「ひきょうな」という意味
　□「一時しのぎ」という意味

(3) 役不足（正答率：27.6％）
　□本人の力量に対して役目が重すぎること
　□本人の力量に対して役目が軽すぎること

(4) 確信犯（正答率：16.4％）
　□悪いことであると分かっていながらその行為を行う人
　□政治的・宗教的等の信念に基づいて正しいと信じる行為を行う人

　正解はいずれも2つ目の答えです。皆さんはこれらの表現を本来の意味で使っているでしょうか。コミュニケーションの視点に立てば、より多くの人が使っている方が、適切な表現であると考えることもできます。皆さんはどのように感じるでしょうか。

(1)命題

　文を構成する語句によって表される基本的な意味です。「田中さんの妻は料理が得意である」という文であれば、「田中さんの妻が料理が得意であること」が命題になります。文を構成する語句によって伝えられる文字通りの意味と言えるでしょう。

(2)前提

　これに対して、その文が発せられるために必要不可欠な事実が前提となります。先ほどの「田中さんの妻は料理が得意である」という文であれば、「田中さんには妻がいる、つまり、結婚している」という前提の上に成り立っています。前提はその文の成立条件になりますが、その文を否定しても前提が否定されることはありません。「田中さんの妻は料理が得意ではない」と否定しても、「田中さんに妻がいる」という前提は変わりません。

(3)含意

　その文の必要条件である前提に対し、その文が発せられた結果生じる意味が、含意となります。田中さんの妻が料理が得意であれば、その結果として、田中さんは毎日おいしい料理を食べていることになります。これが含意となります。含意は命題の文が成立することが条件となりますので、その文が否定されると、同時に含意も否定されます。「田中さんの妻は料理が得意ではない」とすれば、「田中さんが毎日おいしい料理を食べている」という含意も否定されます。

　以上の3つの意味をまとめると、以下のようになります。

　　田中さんの妻は料理が得意である。

(1) 命題　田中さんの妻が料理が得意であること（主文を構成する語の意味によって成立する文字通りの意味）
(2) 前提　田中さんは結婚している（主文の成立の前提となる意味で、主文を否定しても、否定されない）
(3) 含意　田中さんは毎日おいしい料理を食べている（主文が成立することで生まれる意味。主文を否定すると、同時に否定される）

　以上、独立した文では命題、前提、含意という3種類の意味が成立することを見ました。

やってみよう31

　次の文の＜　＞内の意味は、①前提と②含意のどちらの意味になるでしょうか。

(1)（　）原田さんの息子は中学生だ。
　　　　＜原田さんに男の子どもがいる＞

(2)（　）山村さんは北海道へ引っ越した。
　　　　＜山村さんは北海道に住んでいる＞

(3)（　）夕立ちで洗濯物がびしょぬれになった。
　　　　＜雨が降った＞

(4)（　）中山さんは大学に入学した。
　　　　＜中山さんは大学生である＞

(5)（　）私は恋人と別れたことを後悔している。
　　　　＜私には恋人がいた＞

2．談話における文の意味（語用論）

前項で独立した文の意味を見ましたが、文は通常単独で存在することはありません。会話では文と文が交互に発せられ、続いていきますし、小説では複数の文によって物語の内容が描写されます。このような文の集合体を**談話**と呼びます。

独立した文の意味は文を構成する語の意味に大きく依存します。命題、前提、含意は基本的に文を構成する語によって成立すると言えるでしょう。しかし、談話における文の意味を考えるとき、その文を組み立てる語の意味だけでは説明できないことがあります。

たとえば、「3時だよ」という文は時間が3時であることを伝えるものですが、おやつの習慣がある家庭で母親が子どもに言ったとすれば、「おやつの時間だよ」という意味になるかもしれません。また、3時に外出することになっている場合には、「出発する時間だよ」という意味にもなるでしょう。

このような談話における意味を研究する分野は語用論と呼ばれ、伝統的な意味論とは区別される形で1970年以降大きく発展してきました。以下、語用論における意味の捉え方を見ていくことにします。

2.1　コンテクスト

複数の文の集合体を談話と呼びましたが、談話では会話の背景となる場面や状況、あるいは文と文との前後関係が重要となります。このような文章を支える環境のことを**コンテクスト**と呼びます。談話における文の意味ではこのコンテクストが重要な位置を占めるため、コンテクストを抜きにして文の意味を考えることができません。たとえば、「ばか」という言葉は「愚かな人」という意味ですが、以下の2つの状況では異なる意味で使われていることがわかるでしょう。

(1) いつも口うるさい上司が部下の失敗に対して、
　「ばか！お前はなんて無能な人間なんだ。」

(2) 仲のいい友達がスマートフォンの操作を間違えるのを見て、
　「ばか、そうじゃないだろ。こうやるんだよ。」

　最初の「ばか」は「無能で、最低な人間」という意味の最上級の罵り言葉です。言われた部下は精神的に大きなダメージを受けるのは間違いないでしょう。一方、(2)の「ばか」は、いかがでしょうか。おそらく「おっちょこちょいの人間」といった意味で使われているに違いありません。言われた人間もたいして気に留めないような軽口表現です。このように同じ「ばか」という言葉でもコンテクストによって、意味が大きく変わるのです。

　このような場面や状況とは別に、話し手や聞き手の性格や、そのときの心理状態といった「心理のコンテクスト」が影響する場合もあります。気分がいいときに「ばか」と言われてもそれほど気になりませんが、イライラしているときに冗談でも「ばか」と言われたら、いい気分はしないでしょう。

　以上、談話の意味分析においては、コンテクストの存在が非常に重要な要素となるのです。

2.2　結束性と統合性

　談話はコンテクストとともに複数の文によって形成されますが、文と文のつながり方には2種類あります。命題によってつながれる**結束性**と言外の意味によってつながれる**統合性**です。談話はこの2つの結びつき方によって成立します。

1）結束性のつながり

結束性は文字通りの意味によって、文と文がつながっている関係を言います。

(1)「今度の日曜日は暇？」「うん、暇だよ。」
(2)「ペン、ある？」「うん、あるよ。」
(3)「この部屋、少し寒くない？」「うん、寒いね。」

結束性の関係では、命題の意味のやりとりで直接つながります。(1)では、日曜日が暇かどうかを聞かれたので「暇」と答え、(2)ではペンがあるかどうかを聞かれたので「ある」と答え、(3)であれば「寒くないか」と聞かれ「寒い」と答えています。当たり前ですが、聞かれた内容に対して、明示的に答える関係が結束性の関係になります。

2）統合性のつながり

文字通りの意味によってつながる結束性に対し、言外の意味によってつながる関係が統合性の関係となります。先の結束性のつながりで見た会話を統合性のつながりにすると、以下のようになるでしょう。

(4)「今度の日曜日は暇？」「映画でも見に行こうか。」
(5)「ペン、ある？」「はい、どうぞ。」
(6)「この部屋、少し寒くない？」「エアコン、止めるよ。」

統合性のつながりは言外の意味によってつながりますので、相手の質問に正しく答えていないように見えますが、実は相手の気持ちに答えていると言えます。(4)であれば「日曜日は暇だから一緒に何かをしない？」、(5)であれば「ペンを貸してほしい」、(6)は「エアコンが効きすぎ

ているね」という話し手の気持ちを察して、その気持ちに答えているわけです。

　私たちの普段の会話を見ていると、このような統合性のつながりが多いのに気づきます。特に日本は「察しの文化」と言われるぐらい、相手の気持ちを推測しながら会話しますので、統合性のつながりが多いことになります。外国人が日本人の言いたいことがよくわからないとこぼすことがよくありますが、実は日本文化に根ざした言外の意味を理解するのが難しいというのが大きな理由です。

やってみよう32

　次の会話は、①結束性、②統合性のどちらのつながりでしょうか。

(1) (　)〔家で〕「お母さんはどこ？」
　　　　　「台所だよ。」

(2) (　)〔デートの待ち合わせで〕「5分遅刻！」
　　　　　「今日は僕がおごります。」

(3) (　)〔教室で〕「部屋がムンムンするね。」
　　　　　「窓を開けようか？」

(4) (　)〔仕事場で〕「今度の会議はいつだったっけ？」
　　　　　「来週の水曜日です。」

(5) (　)〔車の運転中に〕「(助手席の友人が)向こうに警察官がいるよ。」
　　　　　「了解。スピードを落とすよ。」

2.3 発話の構成要素

ここまで談話における文の意味を考えてきましたが、文の文字通りの意味と話者の言いたい気持ちとは必ずしも一致しているわけではないことがおわかりいただけたでしょうか。では、このような会話における文（語用論では**発話**と呼びます）が成立するためには、どのような要素が必要となるのでしょうか。

会話における発話では「コンテクスト」と「**話し手の意図**」と「**聞き手の解釈**」という3つの要素がポイントになります。これらの要素が有機的につながることで、発話が成立することになるからです。「猫が来た」という発話を例に、これらの3つの要素がどのように働くのか、見てみましょう。

表21　発話①「猫が来た」

(1)コンテクスト	皆で野外パーティをしている。そこでは、サンマを焼いており、これから食べようとしている。そのときに誰かが叫んだ。
発話	猫が来た！
(2)話し手の意図	猫にサンマを取られないように気をつけろ。
(3)聞き手の解釈	猫にサンマを取られないようにしよう。

このように「猫が来た」という発話の背後には、単独の文には存在しない「猫にサンマを取られないように気をつけろ」という注意喚起の意味が生じています。この意味を聞き手が正しく理解し、すぐにサンマを隠すなどの行動に出れば、発話は話者の期待通りの効果を果たしたことになります。

上に見た発話の意味は、コンテクストが異なれば、また異なる解釈を受けることになります。

表22 発話②「猫が来た」

(1)コンテクスト	母親は毎朝猫にエサをやるときにベルを鳴らして呼んでいるが、今日は猫が現れない。母親はとても心配している。そのときに子どもが叫んだ。
発話	猫が来た！
(2)話し手の意図	安心して。猫がエサを食べるために現れたよ。
(3)聞き手の解釈	猫が無事で良かった。

　同じ発話でも、コンテクストが変わることで、さきほどとはまったく別の会話が成立しています。このように、発話が成立するためには、「コンテクスト」と「話し手の意図」と「聞き手の解釈」という3つの要素が有機的に結びつく必要があるのです。
　私たちの日常生活ではここに見るようなやり取りが毎日繰り返され、互いに相手の意図をはかりながらコミュニケーションがとられています。しかし、時には相手の意図とは異なる解釈をすることがあります。これが誤解であり、コミュニケーション・ギャップと呼ばれるものです。次頁の四コママンガを見てください。

　一郎と優香の会話において、ちょっとした気持ちの行き違いが生じています。優香の「ブランドもののバッグがあれば、きっと楽しい旅行になるのになあ…」という発話の意図が一郎には正しく伝わっていません。優香は父親に買ってもらうことを期待して発話しましたが、一郎は自分に期待されていると勘違いしています。
　このようなちょっとした誤解はよくあることです。それは、私たちの会話の多くが言外の意味でつながっているからです。したがって、私たちのコミュニケーションが成立するためには、話し手の意図が正しく聞き手に伝わることが重要なカギになるのです。

図21 コミュニケーション・ギャップ

やってみよう33

次の文章の(1)〜(5)の下線には①②③のどれかが入ります。下線部に適切な数字を入れてください。

　発話が成立するためには、重要な要素が3つあります。それは、①話し手の意図と②聞き手の解釈、③コンテクストです。(1)＿＿＿＿が聞き手に正しく伝わらなければ(2)＿＿＿＿は間違ったものになり、話者が期待するような効果は生まれません。また、(3)＿＿＿＿によって、話し手の同じ表現でもその意図が異なることがあります。毎日の会話では、話し手は会話が行われる(4)＿＿＿＿をもとに文を発し、聞き手は(5)＿＿＿＿を瞬時に理解し、それに答え、会話を成立させているのです。

2.4　発話行為

　ここまで見てきたように、言葉はそれを構成する語や句のもつ意味をはるかに超える内容を伝える力をもちます。このことをわかりやすく理論としてまとめたのがイギリスの哲学者**オースティン**（John Langshaw Austin, 1911-1960）です。オースティンは彼の著書『言語と行為』（1962）の中で、ある目的のために使われた言葉がどのような力をもち、それがどのように相手に伝わるのかを論理的に説明しました。

　この著作は**語用論**の出発点となったことから、オースティンは語用論の父と呼ばれます。ちなみに、この本は彼がオックスフォード大学で教鞭をとっていたときの講義録をまとめたもので、彼が亡くなってから2年後に出版されました。近代言語学の父と呼ばれるソシュールの業績も死後弟子によって出版された『一般言語学講義』で世界中に広まったことを考えると、興味深いものです。

　では、語用論の出発点となったオースティンの**発話行為**について見ていきましょう。

1）行為としての発話

　オースティンは、言葉はただ単に何かを伝えるためだけに用いられるのではなく、何らかの目的を遂行するために使われる、実行力の伴う行為として捉えることができるとしました。そして、そのメカニズムの解明に挑みました。オースティンは発話には、次の3つの行為があると主張しました。

表23　発話行為

(1)発語行為	実際に言葉を口に出す行為
(2)発語内行為	聞き手に意図を伝える行為
(3)発語媒介行為	聞き手へ影響を及ぼす行為

たとえば、「今何時ですか」という言葉を発したとき、その言葉を発する行為自体が発語行為となります。これが最初の行為です。

(1)発語行為
「今何時ですか」という文を口に出す行為

次にこの発話には「時間を知りたい」という話者の意図があります。そのために、(1)の発語行為をしたと考えられます。この話者の意図を相手に知らせる行為が(2)の発語内行為です。

(2)発語内行為
「現在の時間を教えてほしい」と要求する行為

聞き手は、「今何時ですか」という発話を聞いた瞬間に(2)の話し手の意図を理解します。そして、話し手の依頼に応える行動をとります。これが、発話によって相手への効果を生む(3)の発語媒介行為となります。

(3)発語媒介行為
発話を聞いて、聞き手が話し手に現在の時間を教える行為

このように、発話によって、言葉を発する行為（発語行為）、話者の意図を伝える行為（発語内行為）、聞き手へ影響を及ぼす行為（発語媒介行為）が生まれていることになります。

発話における話者の意図（発語内行為）はこれまでに何度も見たように、コンテクストによって異なります。たとえば、「今何時ですか」という発話は以下のような発語内行為を表すことも可能です。

（会議に遅刻して来た人に対して）
(2)-①会議の時間に遅れないでください（注意）

（話が長くてなかなか終わらない人に対して）
(2)-②早く話を終えてほしい（要求）

そうすると、上の発語行為に対しては以下のような発語媒介行為が生じる可能性があります。

(3)-①遅れてきた人に遅れたことを詫びさせる
(3)-②長話の人に話を早めに切り上げさせる

　このように、「今何時ですか」という発話は、それを声に出す発語行為によって発語内行為と発語媒介行為を生むことになるわけです。
　オースティンの発話行為の理論はそれまで文の構成素だけの分析に終始していた意味論の枠を飛び越え、人間のコミュニケーションのメカニズムに迫るものとして、高く評価されます。オースティンによって始まった語用論の研究は、オースティンの弟子によって引き継がれ、さらに発展していきます。

2）間接発話行為

　サール（John Rogers Searle 1932-）はオックスフォード大学でオースティンに指導を受けました。サールは師匠であるオースティンの理論を体系化し、形式化しようと試みました。そのような取り組みの中で、発話行為の形式と話し手の意図が一致しないことに注目し、それを、**間接発話行為**と名づけました。サールによれば、平叙文、疑問文、命令文、感嘆文などの文の形式は、必ずしも発話の機能とは一致するわけではありません（以下、「　」が実際の形式で、『　』が発話の意味です）。

(1)「平叙文」で『命令』を表す
　　（夜遅くまでＴＶを見ている子どもに対して）
　　「もう11時だよ。」 → 『早く寝なさい！』

(2)「疑問文」で『勧誘』を表す
　　（昼時に街を歩きながら友人に）
　　「おい、腹がへらないか。」 → 『何か食べよう。』

(3)「命令文」で『脅し』を表す
　　「もう一度言ってみろ！」 → 『言ったらひどい目にあわすぞ！』

(4)「感嘆文」で『皮肉』を表す
　　（愛想のない従業員に対して）
　　「何て感じのよい店員なんでしょう！」 → 『無愛想な店員だ。』

　ほとんどの発話行為は程度の差こそあれ、間接的であるとも言えるため、サールの間接発話行為という用語の提案はオースティンの発話行為の不必要な複雑化であると批判する人がいます。しかし、サールの貢献は発話行為を体系化し、オースティンの研究を進めたことで、語用論という研究分野を確立していったことにあります。

やってみよう34

次の記述について、正しいものには○を、正しくないものには×をつけてください。

(1)（　）店で店員が言う「いらっしゃいませ」は「客が商品を買う」発語媒介行為を生んでいる。

(2)（ ）犯人を追い詰めた警察官が犯人に銃を向けて言った「手を挙げろ」の発語内行為は「手を挙げないと銃を撃つぞ」という警告に解釈される。

(3)（ ）隣に住む人に「今日はいい天気ですね」と挨拶することは、相手に日焼けを注意させる発語媒介行為を生む。

(4)（ ）「もう就職は決まったの？」という質問は状況によって、「早く就職を決めなさい」という命令文になり、サールの言う間接発話行為になる。

2.5　会話が成立する条件

　サールと同様にオックスフォード大学でオースティンに学び、語用論を大きく発展させたのが**グライス**（Herbert Paul Grice, 1913-1988）です。グライスはオースティンの発話行為の研究を通して、話者の意図（含意された意味）がどのように正しく相手に伝わるのか、そのプロセスの解明に挑みました。以下、グライスの理論の概要を説明します。

1）協調の原理

　私たちの日常の会話においては、話し手も聞き手も、互いにコミュニケーションを成立させようと、意識的に、あるいは、無意識に努力しています。それは、次のようにまとめることができるでしょう。

　話し手は、会話の目的や方向や流れを無視してそれと矛盾するような発言はせず、聞き手はそれを信じて相手の言うことを理解しようと努める。

当たり前のことのようですが、グライスは、このような話し手と聞き手の暗黙の了承を**協調の原理**と呼びました。この協調の原理に基づき、円滑なコミュニケーションを行うためには、以下の会話の4つの**行動指針**（Conversational maxims「会話の公理」とも訳されます）が重要であると主張しました。

表24　会話の4つの行動指針（公理）

行動指針の種類	内容
(1)量（quantity）	必要とされるだけの情報を提示する
(2)質（quality）	信頼できる情報を提示する
(3)関係（relation）	関連性のある情報を提示する
(4)様式（manners）	情報を明瞭で簡潔な方法で提示する

＊「様式」は「方法」または「様態」とも訳されることがあります。

　グライスの4つの行動指針は一見するとあまりに常識的すぎる行動指針です。(1)の「**量**」の行動指針に違反する人は、おしゃべりか寡黙な人になるでしょう。(2)の「**質**」の違反者は、適当なことばかり言って信用されない人です。(3)の「**関係**」に違反する人は、話題からはずれたことばかり話すとんちんかんな人でしょう。(4)の「**様式**」の違反者は発音が不明瞭な人や声が小さい人、要領を得ない話し方で何を言っているのかわからない人などになります。これらの行動指針をすべて守ることができれば、理想的なコミュニケーションになることは明白です。

　しかし、グライスの「会話の行動指針」の本当のねらいは、上記のような違反者の説明ではなく、**会話の含意**のメカニズムの解明にあります。つまり、言外の意味がどのように聞き手に伝わるのかを上記の指針をもとに説明しようとしたのです。以下、グライスの理論による会話の含意が相手に伝わるメカニズムを見ていきましょう。

2）グライスの理論による会話の含意

　グライスの理論では会話の含意は上記の行動指針をわざと守らないことから起こると説明します。つまり、4つの行動指針の非遵守が含意を生むとするのです。具体的な例を見てみましょう。以下の例では（B）の発話の含意を（A）がどのように理解したか、説明しています。

(1)量の非遵守
　　A：このドラマ、面白いね。どう思う？
　　B：別に…。
（Aの発話に対し、Bは必要とされる情報をほとんど発信していない。わざとそうしている。ということは、Aと話をしたくないという意志を表明しているにちがいない。）

(2)質の非遵守
　　A：（年配の女性に対して）お若いですね、お年はおいくつですか？
　　B：今年20歳になったばかりです。
（Bの発言は明らかにうそである。なぜ誰もがわかるようなうそをつくのだろうか。それは、きっと本当の年齢を言いたくないからだろう。これ以上、年齢について聞くのはやめよう。）

(3)関係の非遵守
　　A：明日テニスしない？
　　B：明日は雨だよ。
（テニスに誘ったAの質問に対し、Bの返事はテニスをするかどうかとは直接関係のない天気の話（雨）をしている。ということは、雨が降るのでテニスはやらないという断りの返事だろう。）

(4)様式の非遵守

　　A：今度の土曜日にカラオケに行かない？
　　B：土曜日はちょっと...。
（Bの発話はAの質問に対してはっきりと答えていない。様式の行動指針に反する。ということは、理由を言いたくないが、行きたくないという意志表明にちがいない。Bの参加はあきらめよう。）

　このようにして、グライスは、人々が発話をどのように解釈し、それによってどのような影響を受けるのかを理論的に説明し、語用論を大きく前進させました。オースティン、サール、グライスによって、語用論は確立し、言外の意味の研究は大きく進展したと言えます。

やってみよう35

　次の会話文におけるBの返答はグライスの4つの行動指針（①量②質③関係④様式）の、どの非遵守となるでしょうか。

(1)（　）A：どうして仕事を辞めたんですか。
　　　　　B：いろいろとあってね。

(2)（　）A：今日はまた雨だ。
　　　　　B：本当にいい天気が続きますね。

(3)（　）A：なんか疲れちゃったんですけど。
　　　　　B：さあ、やらなきゃならない仕事がたくさんあるよ。

(4)（　）A：どのようなご相談でしょうか。
　　　　　B：実は、あの、何というか、その...。

3．言語・文化・思考

　語用論ではコミュニケーションにおける心のメカニズムの解明が進みましたが、言語が伝える意味が人間の思考と深くかかわっていることは古くから指摘されてきたことです。この言語と思考の関係をわかりやすく説明したのが、**オグデン**（Charles Kay Ogden, 1889-1957）と**リチャーズ**（Ivor Armstrong Richards, 1893-1979）です。

3.1　意味の三角形

　オグデンとリチャーズは、その著書『意味の意味』（1923）の中で、それまでの意味論を批判し、意味という現象に不可欠な3つの要素を取り出し、その関係を三角形で示しました。

図22　意味の三角形

　右図の左下の「記号」が意味するのは音声や文字などで、頂点の「思考・指示」が概念であり、右下の「指示物」が具体的な対象となります。

　たとえば、/inu/ という音（記号）を聞くと、過去の経験を通して記憶しているイヌという概念（思考・指示）を思い浮かべ、それを目の前のイヌ（指示物）に結びつけるのです。三角形の底辺の点線が意味するところは、記号と指示物をつなげているのは私たちの思考であり、直接的な関係はまったくないということです。

　ソシュールは言語は記号体系であるとして、記号表現（シニフィアン）と記号内容（シニフィエ）は紙の裏表のように一体化していると説明しました。第1章で見た「図1」をもう一度ここに紹介すると、次頁のようになります。

ソシュールの「記号表現」は意味の三角形の「記号」に該当し、「記号内容」は「思考・指示」と「指示物」に該当します。ソシュールの図を、オグデンとリチャーズの考えに基づいて表し直すと、以下のようなイメージになるでしょう。

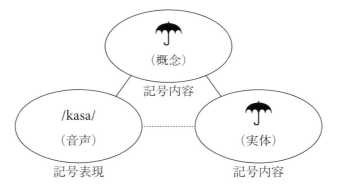

図1 「傘」という記号

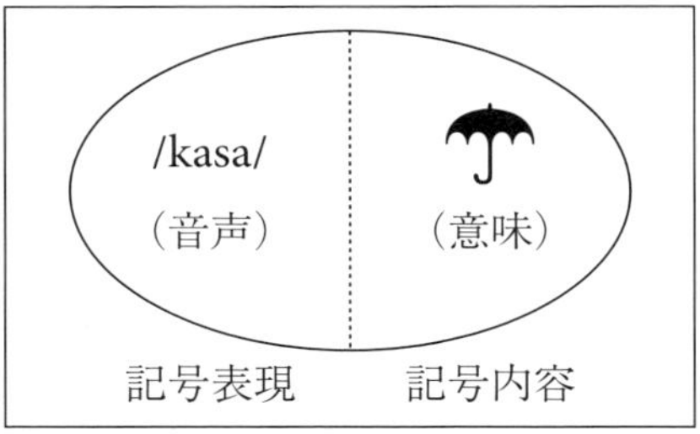

図23 「傘」という記号（修正したイメージ）

　ソシュールの説明では「記号内容」に含まれる概念と実体との関係が曖昧でしたが、意味の三角形ではそれらを明確に2つに分け、音声などの記号表現と実体の伴う記号内容との間には直接的なつながりがないことを指摘しました。つまり、意味の自立性を否定し、意味は話者に依存しているとして、言葉における思考の重要性を明らかにしたのです。この点で、オグデンとリチャーズは語用論の先駆者であると見なす研究者もいます。

3.2 言葉と文化

言葉の意味は私たちの認識と密接に関係していることから、その言語を操る人々の考えに大きく依存していると言えます。一見同じような表現であっても、言語によってそれが意味する領域は異なることになります。たとえば、日本語の「すみません」は英語の"I'm sorry"に訳されますが、この2つの意味領域はかなり異なっていることが知られています。

表25 「すみません」と"I'm sorry"の意味領域

意味領域	すみません	I'm sorry
(1)謝罪	○	○
(2)依頼	○	×
(3)感謝	○	×
(4)呼びかけ	○	×
(5)遺憾の気持ち	×	○
(6)憐れみの気持ち	×	○
(7)聞き返し	×	○

日本語の「すみません」は謝罪だけでなく、何かを依頼するときや感謝の表現、呼びかけなどに使われます。これに対し、英語の"I'm sorry"は謝罪以外には、日本語の「すみません」と同じ意味をもちません。その代わりに、遺憾の気持ちを伝えたり、相手への同情を示したり、聞き返しなどに使われます。つまり、日本語の「すみません」と英語の"I'm sorry"は、謝罪の意味以外は、すべて異なっているのです。

この意味の違いをしっかり理解していないと、「日本人は悪くないのにいつも謝ってばかりいる」という外国人の誤った日本人観につながってしまうのです。

図24 「すみません」と"I'm sorry"の意味領域

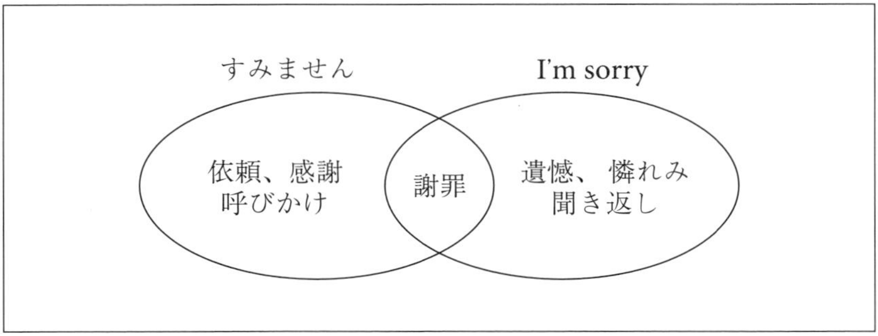

```
┌─────────────────────────────────────────┐
│   すみません          I'm sorry          │
│   ╭─────╮           ╭─────╮             │
│  ╱ 依頼、感謝╲ 謝罪 ╱ 遺憾、憐れみ ╲      │
│ (  呼びかけ  X    )(   聞き返し    )    │
│  ╲─────╱           ╲─────╱             │
└─────────────────────────────────────────┘
```

　このように、言葉の意味領域は言語によって異なります。言語が異なれば、完全に意味領域が一致することは稀だと思ったほうがよいでしょう。

　また、ある文化特有の概念はその文化では言葉になっていても、他の文化では言語化されていない可能性があります。たとえば、「どうぞよろしくお願いします」という表現は英語に翻訳しにくい表現として有名です。これは、他人との協調を重視する日本人が他人とのかかわり合いの初めに必ずと言っていいほど口に出すフレーズですが、Weblioの「場面別・シーン別英語表現辞典」で調べると、30の異なる英語訳で表されており、決まった言葉に訳すのが困難な表現なのです。日本語では必要不可欠な表現であっても、英語では必ずしもそうではないんですね。

　この挨拶は日本人の精神文化を表す表現の一つですが、それぞれの言語にもその文化に根ざした独自の表現があります。つまり、言語はその言語を話す人の文化や価値観を反映していると言えるのです。したがって、言語を学ぶということは、同時にその言語に反映される価値観も一緒に学ぶことになります。その言語を自由に使いこなせるというのは、このような言語のもつ価値観を理解し、その文化に合わせて言葉を使えるようになることを意味するのです。

3.3　サピア・ウォーフの仮説

　言語と思考の関係を主張する意見でおそらく一番有名なものが「**サピア・ウォーフの仮説**」でしょう。この仮説には強い仮説と弱い仮説があります。強い仮説は**言語決定論**と呼ばれ、私たちの考えは言語によって決定されるというものです。これに対し、弱い仮説は**言語相対論**と呼ばれ、私たちの思考は言語によって影響を受けるというものです。

①言語決定論（強い仮説）：言語が人間の思考を規定する
②言語相対論（弱い仮説）：言語は人間の思考に影響を与える

　アメリカの言語学者**サピア**（Edward Sapir, 1884-1939）とその弟子**ウォーフ**（Benjamin Lee Whorf, 1897-1941）が唱えた説です。ただし、言語が思考の基盤であるという考えは18世紀後半から19世紀前半にかけてドイツの思想家が主張しており、ドイツの言語学者の**フンボルト**（Karl Wilhelm von Humboldt, 1767-1835）も強調しています。また、アメリカ記述言語学の祖と呼ばれる**ボアズ**（Franz Boas, 1858-1942）も、アメリカ・インディアンの研究を通して、生活様式と言語様式には強い結びつきがあることを指摘しています。サピアとウォーフも、ボアズの研究を引き継ぐ中で、こうした考えを強くもつようになりました。

　強い仮説である言語決定論は、言語がその言語の話し手の認識や思考様式を条件づけることから、私たちの考えは私たちの話す言語に大きく左右され、その言語特有の世界観をもつようになるというものです。

　たとえば、ヒンディー語とヒンドゥー教、アラビア語とイスラム教との間には宗教的な結びつきがあることが知られています。ヒンディー語で「牛」は「神聖なもの」という意味（文化的特徴）をもつ語であり、ヒンドゥー教徒にとって非食用になりますが、豚は食用です。一方、アラビア語で「豚」は「不浄なもの」という意味（文化的特徴）をもつ語であり、イスラム教徒にとって非食用になりますが、牛は食用です。

表26 ヒンディー語とアラビア語

	牛	豚
ヒンディー語（ヒンドゥー教徒）	非食用 （神聖なもの）	食用
アラビア語（イスラム教徒）	食用	非食用 （不浄なもの）

　つまり、言語が異なれば、思考（ここでは宗教）も異なり、同じ価値観を共有するのは難しいということになります。これは、誰もが認めるような絶対的な価値観は存在しないことを意味します。
　これに対し、弱い仮説である言語相対論では、私たちが認識する世界は客観的、普遍的なものではなく、個々の言語習慣の上に形作られると説明します。私たちが見ている世界をどのように切り分け、どのような言葉で表すかは言語によって異なり、したがって、そのことが私たちの考えに影響を与えているのです。
　たとえば、私たち日本人は牛について、家畜用（全体）、労役用（去勢された雄）、闘牛用（去勢されない雄）、乳牛用（雌）という分け方をせず、これらの牛はまとめて「牛」と呼んでいます。しかし、英語では、それぞれの用途に合わせて牛を切り分け、異なる言葉を使っています。

表27　日本語と英語の「牛」の表し方

日本語	牛			
英語	cattle	ox	bull	cow
	家畜用	労役用	闘牛用	乳牛用

　つまり、日本語を使う人は牛を大きなまとまりでしか認識しませんが、英語を話す人は牛を細かく識別し、用途に合わせて呼び分けているので

す。このような切り分け方は言語によって様々であり、それによって私たちのものの見方や考え方は影響を受けていると言えるわけです。

サピア・ウォーフの仮説は様々な議論を巻き起こしましたが、強い仮説を支持する人はほとんどいません。しかし、弱い仮説に関しては、普遍文法を信奉する一部の言語研究者を除いて、概ね受け入れられていると言っていいでしょう。

やってみよう 36

以下の例は英語の"wear (put on)"で表される内容が日本語では8つの異なる動詞で使い分けられている例です。日本語の該当する動詞を空欄に入れ、表を完成させてください。

身につける物	身につける表現（動詞）	
	日本語	英語
①帽子を		wear (put on)
②服を		
③ベルトを		
④ズボンを		
⑤メガネを		
⑥時計を		
⑦バッジを		
⑧マフラーを		

うんちく話⑥
言葉によって異なる色の認識

　言語による世界の切り分けが多様であることを説明するときによく引き合いに出されるのが"色"です。アメリカのカリフォルニア大学の研究グループが世界中の言語の中から119のサンプルを取り出し、それぞれの言語における色の基本的な語彙（基本色彩語）を調査しました。

　そうしたところ、色の名前の数がもっとも少ないのはパプア・ニューギニアのダニ族の言語で、2つしかありませんでした。色の名前が3～4が20言語、4～6が26言語、6～7が34言語、7～8が14言語、8～9が6言語、9～10が8言語、10以上が11言語という結果でした。

　日本語や英語などでは基本色彩語はだいたい11と言われています。これらは、赤・朱・桃・黄・緑・青・茶・紫・黒・灰・白です。色彩語が2つの言語では、白赤黄・黒緑青で分け、3つでは、白・赤黄・黒緑青という区別だそうです。

　色の語彙数がだいたい同じであれば、色の使い方も同じかというと、これが違っているんですね。有名なのは太陽の色です。日本や東アジアの国では圧倒的に赤やオレンジ色ですが、ヨーロッパでは黄色になります。月の色は日本では黄色ですが、ヨーロッパでは白や青になります。日本人が茶封筒と呼んでいる封筒はフランス語では黄色の封筒になるという具合です。

　私たちが普遍的と思っている色も、実は言語の色眼鏡によって異なる色に見えているんですね。

第6章のまとめ 「意味論」

1．意味論とは
1．1　語の意味
　1）辞書による意味　2）成分分析　3）語の意義素
1．2　語の意味関係　①文法的特徴　②語義的特徴　③含蓄的特徴
　1）同義関係　同義語・類義語　2）反義関係（反義語・対義語）
　(1)連続的反義関係（反意関係）　(2)両極的反義関係（対極的反義関係）
　(3)視点的反義関係（逆意関係）　(4)相補的反義関係（排反関係）
　3）包摂関係　4）非両立関係
1．3　句の意味　1）連語　2）慣用句（イディオム）
1．4　文の意味　1）独立した文の意味　(1)命題　(2)前提　(3)含意

2．談話における文の意味（語用論）
2．1　コンテクスト
2．2　結束性と統合性
　1）結束性のつながり　2）統合性のつながり
2．3　発話の構成要素
　(1)コンテクスト　(2)話し手の意図　(3)聞き手の解釈
2．4　発話行為　1）行為としての発話　(1)発語行為　(2)発語内行為
　(3)発語媒介行為　2）間接発話行為
2．5　会話が成立する条件
　1）協調の原理　会話の4つの行動指針（会話の公理）(1)量の行動指針　(2)質の行動指針　(3)関係の行動指針　(4)様式の行動指針
　2）グライスの理論による会話の含意

3．言語・文化・思考
3．1　意味の三角形
3．2　言葉と文化
3．3　サピア・ウォーフの仮説　①言語決定論　②言語相対論

総合問題6

　①意味の研究には長い歴史があります。②古代ギリシャの哲学者が意味と音声との関係に疑問を抱き、③両者のつながりは自然なのか、習慣なのかと議論を重ねました。その後、ヨーロッパの哲学者が自然派と習慣派に分かれ、論争を引き継ぎましたが、結論には達しませんでした。この議論に終止符を打ったのが19世紀末に現れたソシュールです。このスイスの言語学者は言語は記号体系であるとし、④記号内容（意味）と記号表現（音声）との関係は恣意的であると主張しました。ソシュール以降の言語学者はこの考えを支持し、言語学が大きく発展する転機となりました。

　20世紀に入り、音声、音韻、形態の分野の研究が進みましたが、統語と意味の分野の研究は遅れていました。しかし、1950年代にアメリカにノーム・チョムスキーが現れると、⑤人間の認知という視点から統語論の新しい研究が始まり、その後の認知意味論への橋渡しとなります。

　チョムスキーの出現と同じ頃、イギリスで新しい意味論の息吹が芽生えます。イギリスの日常言語哲学者と呼ばれるグループの中から、オックスフォード大学のオースティンが『言語と行為』という本を出版し、発話を行為（Speech Act）と捉え、その行為の遂行を理論化したのです。その後、オースティンの弟子であるサールや⑥グライスにより、談話における意味研究が進展し、伝統的な意味論とは一線を画す語用論が確立されました。

　一方、1970年代に入ると意味論を重視する新しいグループが出現します。フレーム意味論のフィルモアやメタファー研究のレイコフ、意味と統語を一体化した認知文法理論のラネカーなどです。彼らの研究は、認知言語学として体系化され、新しい言語アプローチとして現在も進化を続けています。

第6章　意味論　197

問1　下線部①に関して、意味論と直接関係のない用語を1つ選んでください。
a. 同義語　　　b. 成分分析　　　c. 含意　　　d. IC分析

問2　下線部②に関して、もっとも適当な人物を選んでください。
a. プラトン　　b. アリストテレス　c. パスカル　　d. デカルト

問3　下線部③で言っている「自然」の例に一番近いものを1つ選んでください。
a. 猫は「ニャーニャー」と鳴く。
b.「不」という漢字は否定の意味で使われる。
c. 人間は悲しいと感じると涙を流す。
d. 人間は育った環境の言葉を無意識に習得する。

問4　下線部④に関して、記号内容と同じ意味で使われるものを1つ、下から選んでください。
a. シニフィアン　　b. シニフィエ　　c. 能記　　d. 思考・指示

問5　下線部⑤に関する研究として、適当なものを1つ選んでください。
a. 人間が文を作り出すプロセスの研究
b. 人間が意味を相手に伝えるプロセスの研究
c. 言語の構造を分析する研究
d. 言語を社会との関係性の中で考える研究

問6　下線部⑥に関し、グライスと一番関係の深いものを1つ選んでください。
a. 協調の原理　　b. 間接発話行為　　c. 発語内行為　　d. 発語行為

第7章
認知言語学

第7章　認知言語学

キーワード

1．認知言語学とは
■フィルモア　■レイコフ　■ラネカー　□知識構造　□スキーマ　□カテゴリー化　□プロトタイプ　□周辺的成員　□勾配（グレイディエンス）　□ネットワーク　□イメージ・スキーマ　□フレーム　□百科事典的知識　□スクリプト（シナリオ）

2．認知作用と言語
□図／地（フィギュア／グランド）　□図地反転　□プロファイル／ベース　□トラジェクター／ランドマーク　□参照点　□参照点能力　□ゲシュタルト　□体制化

3．比喩表現
□隠喩（メタファー）　□類似性　□換喩（メトニミー）　□隣接関係　□提喩（シネクドキー）　□包摂関係　□上位概念／下位概念　□直喩（シミリ）　□デッド・メタファー

　1970年代から人間の認知面から言語を研究するグループが登場してきました。このグループの学者は意味を言語研究の中心に置き、言葉と意味の関係は日々の経験的知識に反映されているとして、認知面から言語を捉えようとしました。現在もっとも注目される言語理論の一つと言っていいでしょう。第7章ではこの認知言語学の基本的な考え方を概観します。

1．認知言語学とは

認知言語学は 1970 年代から**フィルモア**（Charles J. Fillmore, 1929-2014）や**レイコフ**（George P. Lakoff, 1941-）、**ラネカー**（Ronald W. Langacker, 1942-）などが中心になり、言語を人間のもつ認知能力の反映という視点から捉える研究分野として発展してきました。人間の認知作用としての言語という観点から、認知心理学とのかかわりが深くなっています。この章では、意味論、語用論の後に登場し、生成文法ともかかわりのある認知言語学の基本的な考え方を概観します。

1.1　知識構造

認知言語学では、私たちの知識は日常的な経験とともに構造化されていくと説明します。このような知識には**スキーマ**、**フレーム**、**スクリプト**などがあります。認知言語学を学ぶにあたっては、これらの**知識構造**を頭に入れておく必要があります。

1）スキーマ

スキーマは個々の具体的な細かい特徴を捨象した抽象的な概念のことを言います。同類の様々な事物をそれらに共通する部分だけを抽出して認識する知識構造です。たとえば、「ボール」には様々なボールがあります。野球、テニス、サッカー、バレーボールなどで使われるボールから、ラグビーやボウリングなどで使われる普通のボールとは少し異なる物まで、私たちはボールであると認識しています。しかし、同様に球体である風船や電球や月を見てもボールとは認識しません。私たちは、どのような観点で前述の球状の物体をボールと捉えているのでしょうか。

同じ球体でありながら、ボールとそうではない物との根本的な違いは球技に使われるかどうかという特徴によります。私たちはそれぞれの

ボールの詳細を覚えているわけではなく、これらのボールに共通する抽象的で包括的な概念（ここでは「球技に使われる丸い物」）でボールを捉えているのです。このような、概略的で詳細を省いた知識構造のことをスキーマと呼びます。

表28　ボールのスキーマ

種類	野球	テニス	サッカー	ラグビー	ボウリング
大きさ（直径）	約7cm	約7cm	約22cm	約28〜30cm	約22cm
重量	約150g	約60g	約430g	約450g	約2〜7kg
材質	コルク糸・皮	フェルトゴム	皮ビニール	皮ビニール	プラスチックウレタン
概略	球技に使われる丸い物				

このスキーマという知識構造のおかげで私たちの周りにある膨大な数の物をまとめて頭の中に整理することができるのです。皆さんの周りにあるものを見まわしてください。本、ペン、時計、メガネ、机、カバン、服など、すべて概略的な概念（スキーマ）で捉えられているものばかりではないでしょうか。たとえば、「本」には皆さんが今読んでいる本から小説、マニュアル本、教科書、マンガなど様々な本があります。しかし、それらをまとめて、「本」と呼んでいるんですね。

　実は、このスキーマの代表例が、普通名詞です。普通名詞は同類のものをまとめて指し示す品詞ですが、私たちの周りにあるものはほとんどと言っていいほど、普通名詞で表すことができます。この普通名詞と対照的な名詞が固有名詞です。固有名詞はこの世の中に1つしかないもの（個人名・国名・地名など）を示します。たとえば、富士山や東京、日本、琵琶湖、夏目漱石などが固有名詞です。ではもし、私たちの言葉に普通

名詞がなかったらどのようなことが起こるでしょうか。それは、深刻なコミュニケーションの問題を引き起こすでしょう。図書館に行って本を5冊借りたとします。それを友達に話すとき、「本を5冊借りた」とは言えません。「本」は普通名詞だからです。「本」の代わりに、固有名詞で5冊の本の名前を言わなければなりません。

　夏目漱石の『坊っちゃん』と太宰治の『人間失格』と芥川龍之介の『羅生門』と三島由紀夫の『金閣寺』と村上春樹の『ノルウェイの森』を借りた。

友達とのちょっとした会話でこんなに詳しく説明していたら話すのが嫌になってしまいます。普段の生活では「本を5冊借りた」で充分にコミュニケーションが成立します。もちろん借りた本について質問されれば書名を伝えることもあるかもしれませんが、通常の会話では普通名詞（スキーマ）を使って、効率的に言いたいことを伝えているのです。

2）カテゴリー化

　スキーマは同類のものをまとめて概略的に把握する概念ですが、ものごとをある特徴によってまとめる認知作用のことを**カテゴリー化**と呼びます。私たちの身の回りにある膨大な数の事物を効率よくカテゴリー化し、頭の中に整理しているという点で、スキーマとカテゴリー化は切っても切れない関係にあります。

　スキーマはカテゴリーを構成する成員の特徴を概略的に把握しますが、その認識においては**プロトタイプ**が重要な役割を果たします。プロトタイプはグループの中でもっとも典型的、中心的であると考えられる事例です。私たちはこのプロトタイプをグループの中心に据え、その周辺に円を描くようにグループの成員を考えます。

たとえば、「鳥」というカテゴリーであれば、スズメやヒバリなどがプロトタイプとしてグループの中心に存在し、その周りをカラス、ハト、ワシ、タカなどの中型や大型の鳥類が囲み、さらに、アヒル、サギ、ペリカン、ツルなどの川辺の鳥やキウイ、ダチョウ、ペンギン、ニワトリなどの非典型的な飛べない鳥が外周寄りに位置するわけです。

図25 「鳥」のカテゴリー

1つのカテゴリーの中ではプロトタイプが中心に位置し、その周りにプロトタイプにより近いものが集まり、中心から外に行くにしたがって、そのカテゴリー本来の性質や特徴が薄れていくものが配置されます。中心にあるプロトタイプと外周寄りの**周辺的成員**の間には明確な境界線があるわけではなく、それらの境界には**勾配（グレイディエンス）**と呼ばれる段階性が認められます。

さらに、一つ一つのカテゴリーは独立して存在するのではなく、**ネットワーク**を形成しています。たとえば、「鳥類」のカテゴリーの周辺には、「哺乳類」や「魚類」や「両生類」や「爬虫類」のカテゴリーが存在し、これらを包括するカテゴリーが「動物」となります。

図26 「鳥類」のネットワーク

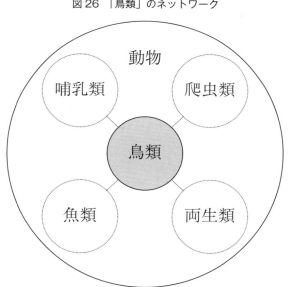

ここに見る動物のカテゴリーに含まれる小カテゴリーは生物学的に境界線を引くことも可能ですが、そうではない一般の事物については、プロトタイプを中心に成員が拡張されていきます。例として、日本語の助数詞「〜本」のスキーマの例で考えてみましょう。

「〜本」が使われるプロトタイプは鉛筆やタバコやろうそくなどで、スキーマは「細長いものの数え方」になります。このプロトタイプをイメージしながら拡張されたものが、「ラケット」や「釣竿」や「はたき」

などになります。これらの拡張はプロトタイプのイメージに負っているので、**イメージ・スキーマ**と呼ばれます。これが長い軌道を描くものまでに広がると「ホームラン」や「ヒット」や「シュート」などになります。さらに、時間の長さに拡張されると、「連載小説」や「映画」や「論文」や「（大学で担当する）授業」など、抽象度が上がっていきます。

表29 「～本」のスキーマ

スキーマ	意味拡張	具体例
細長いもの	プロトタイプ ↓ イメージ・スキーマ ↓	鉛筆、竿、タバコ、ろうそく、つまようじ、パイプ、棒、スティック
（細長いものが付いたもの）		ラケット、ハンマー、傘、ゴルフ道具、釣竿、ほうき、はたき、電信柱
（長い軌道を描くもの）		ホームラン、ヒット、ゴロ、シュート、サーブ、ダッシュ、スマッシュ
（一定の時間がかかるもの）		連載小説、映画、論文、企画、授業、広告、CM、ドラマ、動画

このようにして、カテゴリーが成立し、それを包含するスキーマによって私たちは膨大な量の知識を集約しているのです。

やってみよう 37

次の助数詞（～匹、～台、～冊）のスキーマを考えてみましょう。例にならって、スキーマの典型的な事例（プロトタイプ）を挙げ、そこからわかるスキーマの概略的概念を記入してください。

	事例	スキーマ
（例）〜匹	犬・猫・うさぎ・ねずみ・アリ・カブトムシ・ミミズ・トンボ・魚…	小さい生物の数え方（鳥を除く）
〜台		
〜冊		

3) フレーム

　フレームは、ある概念を理解するのに前提となるような知識構造のことを言います。たとえば、「塩」の例で考えてみましょう。「塩」の意味は、塩化ナトリウムを主成分とする塩からい白色の結晶というものです。しかし、私たちは「塩」について、海水の乾燥や岩塩の採掘によって作られ、調味料として多くの食品に使用されるという情報を共有しています。このような「塩」に付随するような知識がフレームになります。このフレームは文化によって異なります。日本では、塩のフレームに、神事や相撲、葬儀などで、事物を浄めるときに使われるといった情報が加わることになるでしょう。フレームは、百科事典の説明に似た知識であることから**百科事典的知識**とも呼ばれます。
　また、意味論で触れた同義語の違いはフレームによって説明できます。

「父」「おやじ」「お父さん」「お父様」「パパ」はその意味（命題）は同じでも、「父」は公の場で使われる言い方、「おやじ」は父親を親しんで呼ぶ言い方、「お父さん」は家庭で一番よく使われる言い方、「お父様」は上品な言い方、「パパ」は子どもなどが使う言い方というように、フレームの違いによって使い分けられていると考えられます。

フレームを正しく身につけないと、その言語を適切に使いこなすことはできません。たとえば、これを「菊」という言葉で考えてみましょう。「菊」の意味は、キク科キク属の多年草で、世界中で栽培されている植物というもので、これは世界共通の意味です。

しかし、日本人にとっての「菊」は葬式などの法要に飾られる花として、また、皇室の紋章に使われるシンボルとして、私たちの生活にはなじみの深いものです。このように植物学的に定義される「菊」とは異なる周辺知識（フレーム）が日本語で菊という花を理解するのに重要な要素となります。

このフレームがしっかりと構築されていないと、「日本のお母さんに菊の花束をプレゼントして、困惑された」というオーストラリア人留学生のように苦い思い出を作ってしまうのです。

表30 「菊」のフレーム

	日本	オーストラリア
意味	キク科キク属の多年草で、観賞用に栽培される	
フレーム	葬式や墓地などに飾る花として、また、皇室の紋章として使われている	ブーケや花束として使われる。特に母の日のプレゼントとして人気が高い

このように、フレームは文化によって異なるため、注意が必要です。来日したアメリカ人が日本で買ったハンバーガーが小さくて、がっかり

したという話をよく聞きますが、これも両国のハンバーガーのフレームの違いによるものだと説明できます。ハンバーガーの味は同じでも、そのボリュームという点で、日本とアメリカで差異が存在するからです。

フレームという概念を意味の分析に最初に取り入れた言語学者はフィルモアです。フィルモアは語をはじめとする言語表現はフレームを喚起し、その意味はフレームを背景にして初めて理解されるとしました。外国語を学ぶとき、語の意味だけを知っていても正しいコミュニケーションがとれないのはそのためです。語に付随するフレームとともに意味を身につけなければならないのです。フィルモアの考えはフレーム意味論として、語のレベルだけでなく、句や文のレベルにおいても分析が進み、認知言語学の基幹的な理論に発展しています。

やってみよう38

次の記述についてフレームと関係のあるものには○を、関係のないものには×を付けてください。

(1)（　）オーストラリアで"copy machine"はどこかと聞いたら、"coffee machine"と間違えられた。
(2)（　）ブドウを食べるときに、ブドウの産地の山梨では噛まないで飲み込む人が多い。
(3)（　）海外で外国人に炬燵の意味を教えても、日本人がもっている炬燵のイメージを正しく理解させるのは難しい。
(4)（　）私は膨大な取引相手の顧客リストを業種別に管理している。
(5)（　）バナナが大好きな太郎は皆から猿と呼ばれている。

4）スクリプト

フレームに属する知識構造で、時間軸に沿って展開される一連の行動パターンを**スクリプト（シナリオ）**と呼びます。たとえば、大都市における花見を考えると、「桜の花を見て楽しむ」という意味だけでなく、「誰かが場所取りに早めに行き、ビニールシートなどを敷いて場所を確保し、その後、参加者が集まり、飲み物や食べ物を持ってきて、歌ったり騒いだりして、最後にごみをまとめて、シートをたたんで、家に帰る」などという一連のシーンが日本人であれば想像されます。このような花見に伴う具体的な場面の連続についての知識構造をスクリプトと言います。

表31 「花見」のスクリプト

時間軸	出 来 事
↓	参加者の一人が早めに、ビニールシートを敷いて待つ
	開始時間になると、参加者が飲食物を持って集まる
	ビニールシートに上がり、桜を見ながら飲食をする
	歌を歌ったり、話をしたりして、楽しい時間を過ごす
	ごみをまとめ、シートをたたんで、各自家に帰る

私たちが海外で初めて生活するときに戸惑う原因の1つが、このスクリプトの欠如にあります。公共交通機関の使い方、アパートの探し方、住民登録の仕方、銀行での通帳の作り方、医者へのかかり方など、必要とされる一連の行動がまったくわからないからです。このような知識は現地の友人に教えてもらったり、自分で経験したりしながら、少しずつ身につけていきます。現地で何不自由なく快適に暮らせるということは、このようなスクリプトの知識が身についた証拠なのです。

言語教育において、このスクリプトを応用した教育がしばしば行われ

ています。日本語の教科書には、場面シラバスに準拠したテキストが数多く見られます。目次を見ると、「1．空港で」、「2．ホテルで」、「3．買い物で」、「4．コンビニで」、など、異なる場面の章で構成され、それぞれ場面で必要とされる会話の事例が紹介されています。このようにスクリプトを意識することで、その言葉に関係する出来事が現実世界でどのように展開されるのか実践的に学ぶことが可能になるわけです。

やってみよう39

　以下は、①スキーマ、②フレーム、③スクリプトが言語教育に関係する事例です。これらの事例はどの知識構造と関係が深いでしょうか。

(1)（　）読解科目では、テーマに関連する情報についてあらかじめ意見交換させると、学習者がもっている様々な知識を喚起・補強する効果があり、その後の学習に有効である。
(2)（　）ロールプレイをすると、ある場面での会話を疑似体験することになり、実生活に必要とされる知識構造を強化することができる。
(3)（　）「茶の湯」、「柔道」、「歌舞伎」などの日本の伝統文化を教えるときは、言葉の意味だけではなく、その言葉のもつ歴史や文化的背景についても説明しないと、正しく理解することはできない。
(4)（　）ある言葉の意味を説明するとき、典型的な事例を紹介すると、学習者はその言葉の意味をつかみやすい。
(5)（　）初級テキストでは、初めに「〜は〜です」という基本文型が導入され、その後、少しずつ複雑な文型が教えられていく。段階を経て、日本語文の知識構造が形成されるように配慮されている。

Column

コラム7 「言語学戦争」

1957年にチョムスキーの『文法の構造』によって発表された変形生成文法は1960年代に入ると、多くの学者を巻き込み、さらなる進化を続けていました。チョムスキーは生成
文法に意味部門を導入し、それがきっかけで、解釈意味論と生成意味論を支持するグループとの間に深刻な路線対立が起こりました。

主流派である解釈意味論では、深層構造に意味と統語の部門を別々に立て、表層構造に至る段階で両者ともに変化するとしました。これに対して、生成意味論では、意味と統語部門は一体化しており、統語構造が変形を受けても意味そのものは変わらないとしました。

生成意味論は解釈意味論と激しく対立しますが、最終的に論争に敗れ、生成文法内で消滅します。このときの論争（1968-1972）を称して、「言語学戦争」と呼んでいます。その後、生成文法は大きな枠組みの変更を経て、現在では変形操作をまったく必要としない理論となっています。

実はこの消失した生成意味論の中心人物がその後に「認知意味論」を提唱するレイコフでした。また、「格文法」や「フレーム意味論」のフィルモアも、「認知文法」のラネカーも1970年前後は変形生成文法の研究者でした。

つまり、生成文法主流派との論争に敗れた反主流派が、根本的なパラダイム・チェンジをはかり、新しい言語理論へと再生させたのが認知言語学ということになります。統語論を中心に据える生成文法に対し、意味を言語理論の中心に据える認知言語学という対立は、言語学戦争の中ですでに始まっていたんですね。

2．認知作用と言語

　ここまで認知言語学で重要とされる3つの知識構造を概観しました。認知言語学はその基礎的な概念の多くを心理学から応用しています。その中でも、人間を高次の情報システムとして捉える認知心理学との関係が深いと言えます。第2節では、認知心理学の理論がどのように言語とかかわっているかを見ていきましょう。

2.1　図（フィギュア）と地（グランド）

　私たちは事物の知覚において刺激や情報を均等に見るのではなく、一瞬のうちに重要なものとそうでないものとに振り分けています。知覚した対象のうち、際立って認識されるものを**図**といい、その背景となるような目立たない部分を**地**と呼びます。

　右の絵を見る人は白い壺を認識するはずです。その場合、壺が図であり、背景の黒い部分が地になります。しかし、反対に黒い部分を図にして見ると、お互いに向きあっている二人の人間の横顔が浮かび上がってきます。この場合、黒い部分が図となり、白い部分は地となって背景化することになります。このような図と地の役割が逆転することを**図地反転**と言います。

図27　図と地（知覚）

　この認知作用はどのように言語に反映されるのでしょうか。認知言語学では、たとえば位置関係を表す単文で考えることができます。同じ光景を見ていても注意や関心の焦点があるものが図となり、そうではないものは背景化され、地になります。

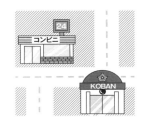

図28　図と地（言語）

(1)交番はコンビニの近くにある。(交番＝図、コンビニ＝地)
(2)コンビニは交番の近くにある。(コンビニ＝図、交番＝地)

　交番とコンビニが近くに立っている光景を見て、話者にとって関心のあるものが図として知覚され、そうではないものは地となり背景化されるわけです。このような図と地の知覚は物体だけでなく事態をどう捉えるかという視点とも関係しています。たとえば、右下の状況を「〜ながら」を使って表す場合、皆さんならどちらの表現を選ぶでしょうか。

図29　図と地（主従関係）

(1)テレビを見ながら、パンを食べている。
(2)パンを食べながら、テレビを見ている。

　(1)では、「パンを食べる」という事態が前景化（図）され、「テレビを見る」という事態が背景化（地）されていると言えます。反対に、(2)では「テレビを見る」が前景化（図）され、「パンを食べる」が背景化（地）されていると考えることができます。
　これを文法的な観点で見ると、主節（文の最後）が「図」となり、従属節（〜ながら）が「地」となると言えます。複文における主節と従属節の関係は「図と地」という関係で説明することができるわけです。

やってみよう40

　次の語句のペア（aとb）の関係で図地反転であるものには○を、そうではないものには×を付けてください。

(1)（　）a. 街灯の下のベンチ　　　　b. ベンチの上の街灯
(2)（　）a. 友人から届いた手紙　　　b. 友人に送った手紙

(3)（　）a. ピザが半分ある　　　　　b. ピザが半分ない
(4)（　）a. 阪神が巨人に勝った　　　b. 巨人が阪神に勝った
(5)（　）a. あなたは兄に似ている　　b. 兄はあなたに似ている

2.2　プロファイルとベース

　認知心理学の「図と地」の区別はあくまで目に見える知覚作用ですが、ラネカーは言語活動に応用しやすくするために、独自の用語を用いました。「図と地」という視覚的な関係をさらに概念化した**プロファイルとベース**という考えです。プロファイルは顕在化された図（際立ちの大きい部分）に対応し、ベースは潜在化された（隠れた）地と考えることができます。

　たとえば、皆さんには右の線はどのような線に見えるでしょうか。おそらくほとんどの人は、「斜めの線」と感じるはずです。しかし、この線はもしかしたら三角形を構成する線の一部であるかもしれません（図31）。仮にそうだとすると、先ほど見た「斜めの線」は単独の線ではなく、三角形を構成する「斜辺」であると考えることが可能になります。同様に、図32のように長方形の「長辺」である可能性もあります。ラネカーは、際立つ部分（プロファイル）が隠れた部分（ベース）に対し、どのような意味をもつようになるか考え、「図と地」の概念を言語学に応用したのです。

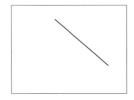

図30　斜線

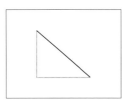

図31　斜辺

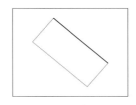

図32　長辺

　このプロファイルとベースの関係で、状況や文脈によって異なる意味解釈を受ける文を説明することができます。たとえば、「もう9時だよ」

という発話はそれが使われる状況によって「寝なさい」という命令形になったり、「出発する時間だ」という意味になったり、「学校に間に合わない」という意味になったりします。

図33 「もう9時だよ」の意味解釈

（寝なさい）　　　（出発する時間だ）　　　（学校に間に合わないよ）

つまり、発話「もう9時だよ」がプロファイルであり、このプロファイルを構成するベース（ここでは、コンテクスト）によって、発話の意味解釈が異なってくるわけです。語用論で扱った発話の意味は認知言語学ではプロファイルとベースの理論で説明することができるのです。

2.3　トラジェクターとランドマーク

ラネカーは背景的要素として機能するベースに対し、焦点化された際立ちの大きいプロファイルは複数存在することを指摘しています。その際、もっとも際立ちの大きいものを**トラジェクター**、そうではないものを**ランドマーク**と呼びます。

図34　父親とコーヒー

　典型的なトラジェクターとランドマークは主語と目的語の関係になります。右のイラストでは、「父親がコーヒーを飲んでいる」と言えますが、「飲む」という述語をベースに「父親」と「コーヒー」がプロファイルとして認識され、

「父親（主語）」がトラジェクター、「コーヒー（目的語）」がランドマークとして機能しているわけです。

「トラジェクターとランドマーク」の関係において、ランドマークはトラジェクターの行為の目安となることから、しばしば**参照点**として働くことになります。トラジェクターに直接アクセスすることが困難な場合、わかりやすい関連情報（ランドマーク）にまずは近づき、それから目標であるトラジェクターにたどり着こうとするものです。このような認知作用を**参照点能力**と呼びます。

自宅の地図を描いて友達に説明するとき、「コンビニの角を曲がったところ」とか「2階建てのアパートの前」とか、参照点を利用した説明がなされるのが普通です。この場合、「コンビニ」や「アパート」が参照点（ランドマーク）として機能しているわけです。

参照点は言語活動のいたるところで観察されます。たとえば、人ごみの中で「あの人を見てごらん」と言っても、どの人なのかわかりませんが、「あの赤い帽子をかぶった人を見てごらん」と言えば、容易に目的とする人間にたどり着くことができます。ここでは、赤い帽子が参照点（ランドマーク）となって人間（トラジェクター）を特定しているわけです。この参照点能力は「山田さんの本」や「猫のしっぽ」などの所有格の使用においても見られます。

やってみよう41

以下の文の中で参照点である事柄に下線を引いてください。

(1) あそこの青い服を着た人が山本さんです。
(2) テキストの152ページ、「意味論」の章を開いてください。
(3) 薬箱の中からピンク色をした風邪薬を探して飲んだ。

(4)家庭訪問に来た先生は、表札を見て、生徒の家に入った。
(5)教科書の重要な箇所にボールペンで赤線を引いた。

2.4 ゲシュタルト

視野にある対象を1つのまとまりのあるものとして知覚する心的作用を**体制化**と言い、体制化によって形成されるまとまり（構造体）のことを**ゲシュタルト**と呼びます。ゲシュタルトを構成する個々の要素は全体を踏まえて概念化されており、単なる個々の要素の「集合体」や「総和」がゲシュタルトになるのではありません。

図35 人間の顔

皆さんは子どもの頃「へのへのもへじ」を書いたことがありませんか。ひらがなの7文字で人の顔を描くという遊びです。この遊びを可能にしているのが体制化という私たちの認知作用です。

個々の要素は7つのひらがなにすぎませんが、この7つの文字を右の図のように置き替えると「人間の顔」に概念化されます。これがゲシュタルトです。ゲシュタルトが成立すると、それまで単なるひらがなであった文字はゲシュタルトの構成要素として機能することになります。「へ」であれば眉毛と口、「の」は目、「も」は鼻、「じ」は顔の輪郭と耳といった具合です。つまり、「へのへのもへじ」は体制化によって、単なるひらがな集合体から、人間の顔という新しい概念に生まれ変わったことになるのです。

図36 猫

この「へのへのもへじ」はいつも人間の顔を表すとは限りません。右の図のように「猫」に概念化することもできます。そうすると、ゲシュタルトの構成素である「へ」は耳と口に、「も」は顔の輪郭と

ひげに、「じ」は胴体とひげというように、先の人間の顔とは異なる機能をもつことになります。このように、体制化は人間の認知作用であるため、様々な概念を作り出すことが可能になるのです。

「へのへのもへじ」の例からわかるように、ゲシュタルトを構成する要素は単なる構成素（ここでは文字）ではなく、概念化されたゲシュタルトを支える要素として働くことになります。このことから、全体（ゲシュタルト）は部分の総和以上のものになると言えるのです。

身近な例で言えば、携帯電話などで使われるフェイスマークはすべて体制化によるゲシュタルトであると言えます。

　(^_^)　　　(++;　　　(-|-)　　　(~|~)　　　(ˆ◇ˆ)　　　"(-""-)"

これらの顔を構成する個々の記号は「顔」というひとまとまりのゲシュタルトとして認知されることで、記号の意味以上の概念が生まれるのです。

ゲシュタルトが言語に応用される例として、文の成立を挙げることができます。様々な成分によって構成される文はまさに体制化によって作り上げられたゲシュタルトの完成品です。たとえば、以下の語はバラバラに並んでいるだけでは、文として認識されません。

　トム　太郎　花子　紹介した　に　を　が

人間を表す固有名詞が3つ、動詞（過去形）、主語や目的語や相手を表す助詞が3つ、合計7つの語が並んでいるだけです。それぞれの語の意味を重ね合わせても意味不明です。このようなバラバラの要素を組み替えることで、体制化が可能となり、ひとつの文が生成されます。

(1)太郎が　花子に　トムを　紹介した。

この並べ替えによって、太郎が「紹介する人」、花子が「紹介する相手」、トムが「紹介される人」という関係が成立し、文としての意味が完成するのです。

「へのへのもへじ」の例で見たように、体制化は1つとは限りません。語を並べ替えることで、異なる体制化が可能となります。以下の(2)〜(6)は構成要素としてはすべて同じですが、組み合わせによって異なる意味が成立しています。

(2)太郎が　トムに　花子を　紹介した。
(3)花子が　太郎に　トムを　紹介した。
(4)花子が　トムに　太郎を　紹介した。
(5)トムが　太郎に　花子を　紹介した。
(6)トムが　花子に　太郎を　紹介した。

このように、全体は単なる部分の総和ではなく、体制化によって新しい意味が生まれることになるのです。

やってみよう42

次に見る組み合わせの中から体制化によってゲシュタルトが生まれているものに○を付けてください。

(1) (　) 3＋5 → 8
(2) (　) 雨＋男 → 雨男
(3) (　) 油＋〜を売る → 油を売る
(4) (　) H＋H＋O → H_2O（水）
(5) (　) ○＋・＋・＋⌣ → ☺

うんちく話⑦
効果的に学習を進める方法

　第二言語習得理論では近年、認知的な学習ストラテジーの研究が盛んになっています。外国語教育においては、同じ授業を行っていても学習者によってその教育効果が異なることが経験的に感じられます。

　あるテレビ番組で難関大学に入学した学生の学習ストラテジーを特集していましたが、ほとんどの学生が自分に合った異なるストラテジーをもっていたのには驚きました。

　学習ストラテジーを包括的に分類した研究ではオックスフォード（Oxford 1990）が有名です。オックスフォードは、「直接ストラテジー（どのように学習を進めるか）」と「間接ストラテジー（どのように学習を管理するか）」に分け、それぞれを3つの方略に分類しています。

(1)直接ストラテジー
　①記憶ストラテジー（学習内容を効率よく記憶する方略）
　②認知ストラテジー（学習内容を効果的に理解する方略）
　③補償ストラテジー（学習上の自分の欠点を補足する方略）

(2)間接ストラテジー
　①メタ認知ストラテジー（自分の学習方法を管理する方略）
　②情意的ストラテジー（感情などをコントロールする方略）
　③社会的ストラテジー（学習に社会的交流を活用する方略）

　やみくもに勉強するのではなく、自分に適した学習ストラテジーを見つけることが、効果的な学習につながることになるんですね

3．比喩表現

比喩表現は長い間言語学において変則的な表現や言外の意味を表す表現とされてきました。しかし、認知言語学の登場によって、新しい視点が加わり、規則からはずれた特別な表現ではなく、重要な認知メカニズムの所産として位置づけられるようになりました。比喩表現には、**類似性**に基づく**隠喩（メタファー）**、**隣接関係**に基づく**換喩（メトニミー）**、**包摂関係**に基づく**提喩（シネクドキー）** などがあります。

3.1　隠喩（メタファー）

ある事柄をそれとよく似た別の事柄で表すもので、類似性に基づく比喩表現です。表現上は、たとえの形式（「まるで〜」「〜ようだ」など）が隠れているため、隠喩という言い方がされます。

(1) 時は金なり。（時間はお金のように貴重である）
(2) 男は狼だ。（男は狼のように女性を襲う危険な動物である）
(3) 人生は旅だ。（人生は旅のように長い道程を歩んで行かなければならない）
(4) 頭が回転しない。（回転しない機械のように、頭がうまく働かない）
(5) 気分が上がっている／下がっている。（気分が気体のように上下に浮き沈みする）

類似性に基づく隠喩はその言葉に関係する表現にも波及します。たとえば、「議論は戦いである（議論は戦いと同様に相手と争うことである）」という認識から、「議論を戦わせる」「議論に勝つ／負ける」「論敵を攻撃する」「議論の争点が見えない」「論争が絶えない」など、戦いをイメージする様々な表現が生まれます。

3.2 換喩（メトニミー）

　ある事柄をそれと関係の深いもので表すもので、隣接関係に基づく比喩表現です。密接に関係するものに置き換えるという意味で、この呼び名が付いています。換喩に使われる隣接関係には次のように様々なものがあります。

(1) 全体→部分
　①教室を開ける。（→ドア）
　②扇風機が回る。（→ファン）
(2) 容器→中身
　①風呂が沸いた。（→湯）
　②ジョッキを飲み干す。（→ビール）
(3) 作者→作品
　①村上春樹を読む。（→村上春樹の小説）
　②ビートルズを聴く。（→ビートルズの音楽）
(4) 場所→人間
　①兜町が騒然とする。（→兜町にある証券会社の関係者）
　②学校が責任を取る。（→学校の関係者）
(5) 音→音が出る動作や動き
　①3分間チンする。（→電子レンジにかける）
　②チューする。（→キスをする）

　換喩は参照点能力を基盤として成立すると考えられています。つまり、認知的にわかりやすいものを参照点（ランドマーク）として、目標物（トラジェクター）に到達させるというものです。(1)の①の例では、「ドア」より「教室」のほうが際立ちが大きいため、全体である「教室」をランドマークにして、部分である「ドア」を指し示し、注意を向けているわ

けです。このように考えると、換喩は、ランドマークによってトラジェクターを暗示する表現であると言えるのです。

3.3　提喩（シネクドキー）

　提喩は包摂関係に基づく比喩です。上位概念を提示して下位概念を示したり、下位概念を提示して上位概念を示したりすることから、提喩と言われます。たとえば、「もう帰るので、車を呼んでください」と言って、「タクシー」を呼んでもらうことがありますが、この場合の「車」は上位概念であり、下位概念の「タクシー」を指しています。また、「人はパンのみにて生きる者に非ず」という有名な格言では、「パン」は上位概念の「食べ物」を指し、ひいては「食べ物」を含む「物質全般」を表しています。

　このように、包摂関係において上位から下位、または下位から上位の概念を意味することがあり、そのような表現を提喩と呼んでいます。以下、提喩の例をいくつか見てみましょう。

１）上位概念→下位概念
　①週末は花見に行こう（花→桜）
　②親戚に不幸があった（不幸→死亡）
　③緑のまぶしい季節になった（緑→植物）

①の「花」は「桜」「梅」「ヒマワリ」「タンポポ」「ユリ」などに対する上位語ですが、下位語の「桜」だけを意味しています。「不幸」には「死亡」「受験失敗」「会社の倒産」「交通事故」「災害」などの様々な負の出来事が含まれますが、②では「死亡」の意味で使われています。③では「緑」の色をしたものには「植物」だけでなく、「信号の緑」「服の緑」「絵の具の緑」など多くの緑がありますが、ここで示しているのは植物の緑だけになります。

2）下位概念→上位概念
①ちょっと<u>お茶</u>でも飲みませんか。（お茶→飲み物）
②<u>サランラップ</u>をかけてください。（サランラップ→食品用ラップ）
③ポスターを<u>セロテープ</u>で貼った。（セロテープ→透明粘着テープ）

①「お茶でも飲みませんか」と言われて、「お茶」を飲まなければならないと考える人はいないでしょう。お茶だけでなく、ジュースやコーヒーなどを含む「飲み物（上位語）」をここでは意味しています。②の「サランラップ」はある会社の商標名です。実際にはサランラップ以外の食品用ビニールラップもありますが、ここでは「サランラップ」でその他の食品用ラップをも意味しています。③の「セロテープ」も商標名ですが、透明な粘着テープであれば、「セロテープ」という言い方が一般化していて、「セロテープ」という下位概念で「透明粘着テープ」という上位概念を指している場合が多いようです。

3.4　直喩（シミリ）
主な比喩表現は以上の3つですが、この他に、「まるで〜」「〜のように」などの語句が伴った比喩表現を**直喩（シミリ）**と呼びます。これは、隠喩（メタファー）では隠れていた比喩の表現が<u>直接的</u>に使われている

からです。

①僕にとって彼女はエンジェルのような人です。
（cf. 僕にとって彼女はエンジェルです。）
②動かざること山のごとし。
③花びらが風に舞って、まるで雪が降っているようだ。

また、あまりに頻繁に用いられて、もはや比喩的表現とは言えなくなったものを**デッド・メタファー**（死んだ比喩）と呼ぶことがあります。

＜「デッド・メタファー」の例＞
①机の脚をたたんでください
②びんの口が細いので、水を入れにくいです。
③この車はよく走る。

比喩表現の研究は言語の経験的基盤性と身体性を重視したレイコフによって始められ、その理論は認知言語学を支える重要な基盤の1つとなっています。

やってみよう43

次の比喩表現について、当てはまるものには○を、当てはまらないものには×を入れてください。

(1)隠喩（メタファー）
　①（　）背中に痛みが走った。

②（　）赤ずきんちゃんが狼に食べられた。
③（　）王子は白雪姫の美しさに一目ぼれした。
④（　）彼女は僕の天使だ。
⑤（　）最近父の頭に白いものが目立ってきた。

(2)換喩（メトニミー）
①（　）ホワイトハウスは沈黙を保っている。
②（　）はきものは下駄箱に入れてください。
③（　）モーツァルトを聞くのが日課だ。
④（　）パソコンがフリーズしてしまった。
⑤（　）冷蔵庫を開けたのは誰ですか。

(3)提喩（シネクドキー）
①（　）今度テニスを始めるので、ラケットを買いたいです。
②（　）先生が来る前に黒板を消してください。
③（　）田中さんの娘さんは、エレクトーンを弾くのが上手だ。
④（　）松下幸之助は経営の神様と言われている。
⑤（　）隣の家のピアノがうるさくて眠れない。

第7章のまとめ 「認知言語学」

1．認知言語学とは

1．1　知識構造

　1）スキーマ

　2）カテゴリー化

　　　　①プロトタイプ　②周辺的成員　③勾配（グレイディエンス）

　　　　④ネットワーク　⑤イメージ・スキーマ

　3）フレーム

　　　百科事典的知識

　4）スクリプト

　　　シナリオ

2．認知作用と言語

2．1　図（フィギュア）と地（グランド）

　　　図地反転

2．2　プロファイルとベース

2．3　トラジェクターとランドマーク

　　　①参照点　②参照点能力

2．4　ゲシュタルト

　　　体制化

3．比喩表現

3．1　隠喩（メタファー）－類似性に基づく比喩表現

3．2　換喩（メトニミー）－隣接関係に基づく比喩表現

3．3　提喩（シネクドキー）－包摂関係に基づく比喩表現

　　　1）上位概念→下位概念　2）下位概念→上位概念

3．4　直喩（シミリ）

　　　デッド・メタファー

総合問題7

　認知言語学は言語を人間の一般的認知能力の観点から理解しようとする研究分野です。チョムスキーの変形生成文法内で理論対立が起こり始めた①<u>1970年代に台頭し</u>、1980年代になると、フィルモアのフレーム意味論と構文文法、レイコフのメタファー・メトニミー研究、ラネカーの認知文法など、認知的な研究論文が次々と発表され、認知言語学の基盤が確立していきます。

　人間の認知面にスポットを当てているという点で、生成文法と共通点が多いように思われますが、実は相反する理論と言えます。両者の違いを受動態の扱い方で見てみましょう。生成文法（標準理論）では、受動文は能動文から②□□□□□□または変形されると分析します。

　(a)太郎がドアを開けた
　(b)ドアが太郎によって開けられた

　(b)の「ドアが太郎によって開けられた」という受動文は「深層構造」では(a)のような能動文であり、③□□□□□□が適用されて「表層構造」(b)になると説明します。しかし、この変形操作は人工的で心理的実在性がなく不適切であると批判したのが認知言語学の研究者です。

　認知言語学では、(a)のような能動文では「太郎」が文の中でもっとも際立つ　A　として選ばれ、「ドア」が二番目に際立つ　B　として機能していると考えます。反対に、(b)の受動文では、「ドア」が　C　、「太郎」が　D　となり、同じ事態でありながら、その認知の仕方によって異なる文となっていると説明します。このように、④<u>認知言語学</u>では、生成文法のような機械的な操作ではなく、言語記述における自然さと心理学的実在性を最優先に考えています。

問1　下線部①に関して、認知言語学より少し前（1960年代）に登場し、発話の意味を分析する分野は何と呼ばれるでしょうか。
a. 誤用分析　　　b. 語用論　　　c. 生成文法　　　d. 対照分析

問2　②□に入れる言葉として適当なものを選んでください。
a. 転換　　　　b. 修正　　　　c. 発展　　　　d. 派生

問3　③の□に入れる言葉として次の中からもっとも適当なものを選んでください。
a. 使役化規則　b. 受動態変形規則　c. 句構造規則　d. 再帰代名詞化規則

問4　A－B－C－Dの順に□に語句を入れる場合、次の中から一番適当な組み合わせを選んで下さい。
a. トラジェクター－ランドマーク－トラジェクター－ランドマーク
b. ランドマーク－トラジェクター－ランドマーク－トラジェクター
c. 図－地－図－地
d. 地－図－地－図

問5　下線部④に関して、認知言語学の説明として、明らかに間違っているものを1つ選んでください。
a. 研究の対象を刺激と外から観察できる反応との法則的関係で説明する学問である。
b. 心の働きに着目し、コミュニケーションや文化と言語の関係を解明しようとする言語学である。
c. 人間が外的世界をどのように認識するかによって、言語のあり方を考える学問である。
d. 言語をダイナミックな高次認知活動の一つとして捉える学問である。

参考文献

天沼寧・大坪一夫・水谷修（1978）『日本語音声学』くろしお出版
荒川洋平・森山新（2009）『わかる!! 日本語教師のための応用認知言語学』凡人社
石黒敏明（2013）「外国語教授法の歴史から学ぶ―これからの英語教育で何が必要か―」『神奈川大学心理・教育研究論集』34, pp.17-34, 神奈川大学
井上和子（1976）『変形文法と日本語（上）統語構造を中心に』大修館書店
井上道雄（2002）「日本語の表音文字化について―手書きからワー_プロへ」『神戸山手大学紀要』4, pp.A13-A21, 神戸山手大学
猪塚元・猪塚恵美子（著）名柄迪（監）（1993）『日本語教師トレーニングマニュアル1 日本語の音声入門 解説と演習』バベルプレス
今井むつみ（2010）『ことばと思考』岩波書店
岩野靖則（1982）「国語辞典の語釈の方法」『人文論究』32 (1), pp.70-84, 関西学院大学
NHK 放送文化研究所（編）（1998）『NHK 日本語アクセント辞典 新版』NHK 出版
大島正二（2006）『漢字伝来』岩波書店
大島デイヴィッド義和（2013）「日本語におけるイントネーション型と終助詞機能の相関について」『国際開発研究フォーラム』43, pp.47-63, 名古屋大学
大関浩美（著）白井恭弘（監）（2010）『日本語を教えるための第二言語習得論入門』くろしお出版
大橋克洋（2010）「無標、有標の言語学」『ポリグロシア』19, pp.151-164, 立命館アジア太平洋研究センター
大庭直樹（1985）「自然言語の意味論」『駒澤大学外国語部研究紀要』14, pp.121-137, 駒澤大学
亀井孝・河野六郎・千野栄一（編著）（1996）『言語学大辞典 第6巻 術語編』三省堂
河上誓作（編著）（1996）『認知言語学の基礎』研究社出版
金田一春彦（監）秋永一枝（編）（2001）『新明解日本語アクセント辞典』三省堂
国広哲弥（1982）『日本語叢書 意味論の方法』大修館書店
月刊『言語』編集部（編）（2001）『言語の20世紀101人』（『言語』別冊第30巻第3号）大修館書店

小泉保（1993）『日本語教師のための言語学入門』大修館書店
郡史郎（2008）「東京方言における平叙文末の下降増大現象―平叙文末は平調か下降調か―」『音声言語Ⅵ』，pp.79-102，近畿音声言語研究会
国際音声学会（編）竹林滋・神山孝夫（訳）(2003)『国際音声記号ガイドブック―国際音声学会案内―』大修館書店
後藤田輝雄（1992）「チョムスキーの『標準理論』再考」『相愛大学研究論集』8，pp.41-58，相愛大学
小林正憲（2005）「流音について―RとLの言語学―」『四天王寺国際仏教大学紀要』40，pp.149-169，四天王寺国際仏教大学
小柳かおる（2004）『日本語教師のための新しい言語習得概論』スリーエーネットワーク
近藤富英（2007）「談話における吸気（ingressive）の役割について」『信州大学人文社会科学研究』1，pp.185-199，信州大学人文社会科学研究会
斎藤純男（1997）『日本語音声学入門』三省堂
斎藤純男・田口善久・西村義樹（編）(2015)『明解言語学辞典』三省堂
佐治圭三・真田信治（監）(2004)『改訂新版　日本語教師養成シリーズ2―言語一般―』東京法令出版
ジェニー・トマス（著）浅羽亮一（監）田中典子・津留崎毅・鶴田庸子 他（訳）(1998)『語用論入門―話し手と聞き手の相互交渉が生み出す意味』研究社
柴谷方良・影山太郎・田守育啓（1981）『言語の構造―理論と分析―音声・音韻篇』くろしお出版
柴谷方良・影山太郎・田守育啓（1982）『言語の構造―理論と分析―意味・統語篇』くろしお出版
城生佰太郎（2008）『一般音声学講義』勉誠出版
白井恭弘（2008）『外国語学習の科学―第二言語習得論とは何か』岩波書店
宗宮喜代子（1997）「語の意味論」『東京外国語大学論集』55，pp.1-22，東京外国語大学
田崎清忠（編）(1995)『現代英語教授法総覧』大修館書店
田中春美・家村睦夫・五十嵐康男 他（1975）『言語学入門』大修館書店
田中春美・樋口時弘・家村睦夫 他（1978）『言語学のすすめ』大修館書店
田中春美・樋口時弘・家村睦夫 他（1982）『言語学演習』大修館書店
チョムスキー N.（著）福井直樹・辻子美保子（訳）(2014)『統辞構造論 付『言

語理論の論理構造』序論』岩波書店
辻幸夫（編）(2013)『新編　認知言語学キーワード事典』研究社
東京外国語大学語学研究所（編）(1998)『世界の言語ガイドブック1　ヨーロッパ・アメリカ地域』三省堂
東京外国語大学語学研究所（編）(1998)『世界の言語ガイドブック2　アジア・アフリカ地域』三省堂
野村夏治（1992)「談話における結束性と統合性について」『名古屋女子大学紀要　人文・社会編』38, pp.223-232, 名古屋女子大学
野村益寛（2001)「認知言語学の展開―理論的統合の動きを中心に」『北海道大学文学研究科紀要』105, pp.51-70, 北海道大学文学研究科
野村益寛（2014)『ファンダメンタル認知言語学』ひつじ書房
濱野寛子・李在鎬（2007)「助数詞『本』のカテゴリー化をめぐる一考察　コーパスベースアプローチから」南雅彦（編）『言語学と日本語教育V』pp.73-90, くろしお出版
町田健・籾山洋介（1995)『日本語教師トレーニングマニュアル3　よくわかる言語学入門―解説と演習』バベルプレス
松崎寛・河野俊之（1998)『日本語教師・分野別マスターシリーズ　よくわかる音声』アルク
松本克己（2007)『世界言語のなかの日本語―日本語系統論の新たな地平―』三省堂
丸山圭三郎（1981)『ソシュールの思想』岩波書店
溝口優司（2011)『アフリカで誕生した人類が日本人になるまで』ソフトバンククリエイティブ
南雅彦（2014)「日本語教育研究：第二言語習得理論とアメリカの日本語教授法への影響」(https://faculty.sfsu.edu/~mminami/content/papers)
籾山洋介（2009)『日本語表現で学ぶ入門からの認知言語学』研究社
籾山洋介（2010)『認知言語学入門』研究社
森敏昭・中條和光（編）(2005)『認知心理学キーワード』有斐閣
森雄一・高橋英光（編）(2013)『認知言語学　基礎から最前線へ』くろしお出版
八木昭宏（1997)『現代心理学シリーズ6　知覚と認知』培風館
山岡俊比古（1996)「言語の有標性と言語習得」『言語表現研究』12, pp.9-18, 兵庫教育大学言語表現学会

山口仲美（2006）『日本語の歴史』岩波書店
吉村公宏（2004）『はじめての認知言語学』研究社
渡辺和希（2010）「日本語における吸気音の音声分析」『言語学論叢オンライン版』3，pp.156-173，筑波大学一般・応用言語学研究室

Angiolillo, P. F. (1947), *Armed Forces' Foreign Language Teaching: Critical Evaluation and Implication,* New York: S. F. Vanni.
Austin, J. L. (1975), *How to Do Things with Words,* Second Edition, Edited by J. O. Urmson and M. Sbisà, Oxford: Oxford University Press.
Bolinger, D. & Sears, D. A. (1981), *Aspects of Language,* Third Edition, New York: Harcourt Brace Jovanovich.
Comrie, B. (1981), *Language Universals and Linguistic Typology: Syntax and Morphology,* Oxford: Basil Blackwell.
Culicover, P. W. (1982), *Syntax,* Second Edition, New York: Academic Press.
Hyman, L. M. (1975), *Phonology: Theory and Analysis,* New York: Holt, Rinehart and Winston.
Krashen, S. D. (1982), *Principles and Practice in Second Language Acquisition,* Oxford: Pergamon Press.
Ladefoged, P. (1982), *A Course in Phonetics,* Second Edition, New York: Harcourt Brace Jovanovich.
Levinson, S. C. (1983), *Pragmatics,* Cambridge: Cambridge University Press.
Moulton, W. G. (1961), Linguistics and Language Teaching in the United States, 1940-1960, In: C. Mohrmann, A. Sommerfelt, & J. Whatmough (Eds.), *Trends in European and American Linguistics, 1930-1960,* pp.82-109, Utrecht: Spectrum.
Nida, E. A. (1982), *Morphology: The Descriptive Analysis of Word*s, Second Edition, Ann Arbor, Michigan: The University of Michigan Press.
Oxford, R. L. (1990), *Language Learning Strategies: What Every Teacher Should Know,* Rowley, Massachusetts: Newbury House.
Pike, K. L. (1975), *Phonemics: A Technique for Reducing Languages to Writing,* Ann Arbor, Michigan: The University of Michigan Press.

索引

あ

アクセント（accent） ……………… **56**, 58
頭高型 ……………………………………… **58**
アメリカ・インディアン ……………… 191
アメリカ・インディアン諸語 …………… 7
アメリカ記述言語学（American descriptive linguistics） …… **7**, **116**, 154, 191

い

異音（allophone） ………………… **72**, 81
意義素（semanteme/sememe） ……… **156**
異形態（allomorph） ……………………… **102**
『一般言語学講義』（"Cours de linguistique générale〔仏〕"） ………………………… **7**
『一般言語学要理』（"Éléments de linguistique générale〔仏〕"） …………… 17
イディオム（idiom） …………… **165**, 166
『意味の意味』（"The Meaning of Meaning"）
 ………………………………………………… 187
意味の三角形（semantic triangle）
 …………………………………… **187**, 188
意味論（semantics） …………… **153**, 196
イメージ・スキーマ（image schema）
 ……………………………………………… **206**
イントネーション（intonation） …… 56, **61**
隠喩（metaphor） ……………………… **222**

う

ウォーフ（Benjamin Lee Whorf） ……… **191**
後舌高母音（high back vowel） ……… **50**, 51
後舌中母音（mid back vowel） ……………**50**
後舌母音（back vowel） ……………………**50**

え

演繹法（deductive method） ………… **134**
円唇化（labialization） ……………… 49, **84**

お

オースティン（John Langshaw Austin）
 ………………………………… **179**, 181, 196
オーディオ・リンガル・メソッド
 （audio-lingual method） ……………… **133**
オグデン（Charles Kay Ogden） …… **187**, 188
尾高型 …………………………………………**58**
音韻規則（phonological rules） …………**71**
音韻対応（phonetic correspondence）
 ……………………………………………… **5**, 21
音韻変化 ……………………… **102**, 109, 121
音韻論（phonology） ………………… 7, **69**
音響音声学（acoustic phonetics） ………**35**
音声学（phonetics） ………………………**35**
音声の50音図 ………………………… **52**, 53
音節（syllable） ……………………… **94**, 121
音素（phoneme）
 ………… 16, 17, 69, 70, 72, 73, **77**, **80**, 81
音素の50音図 ……………………… **86**, 87
音素表記（phonemic transcription）… **86**, 88

か

開音節（open syllable） ……… 64, **94**, **121**
下位概念（narrower concept） ……… **224**, **225**
下位語（hyponym） ……………… **162**, 163
解釈意味論（interpretive semantics） …… 212
概念（concept〔仏〕） ……………… **10**, 187, 188
会話の含意（conversational implicature）
………………………………………… **184**, 185
会話の公理（conversational maxims） … **184**
学習ストラテジー（learning strategies）
………………………………………… **221**
学習モデル（learning model） ………… **149**
獲得モデル（acquisition model） ……… **149**
下降調（falling pitch） …………………… 61
過去形 ……………………………………… 112
活用（conjugation） ……………… **110**, 111
活用分析 …………………………………… **111**
仮定形 ……………………………………… 112
カテゴリー（category） …………… 204, 205
カテゴリー化（categorization） ……… **203**
含意（implication） ………… 168, **170**, 171
関係（の行動指針）（maxim of relation）
………………………………………… **184**, 185
喚情的特徴 …………………………… **156**, 157
間接ストラテジー（indirect strategies）
………………………………………… **221**
間接発話行為（indirect speech act） …… **181**
環太平洋言語圏説 ………………………… 21
含蓄的特徴 …………………………… **156**, 157
換喩（metonymy） ………………… 222, **223**

き

慣用句（idiom） ……………… **165**, 166, 167
記憶ストラテジー（memory strategies）
………………………………………… **221**
気管（trachea） ……………………… **36**, 38
聞き手の解釈（hearer's understanding）
………………………………………… **176**, 177
記号（symbol） …………………… 187, 188
記号性（semiotic） ……………………… **10**
記号内容（signifié〔仏〕）
……………………… **10**, 11, 12, 187, 188, 196
記号表現（signifiant〔仏〕）
……………………… **10**, 11, 12, 187, 188, 196
帰納法（inductive method） …………… **134**
規範文法（prescriptive grammar） ……… **4**
起伏型 ……………………………………… **58**
基本形 ……………………………………… 112
逆意関係 ………………………………… **160**
吸気音（ingressive） ……………………… **37**
吸着音（click） …………………………… **37**
共時言語学（synchronic linguistics） …… **6**
共時態（synchrony） ……………………… **6**
強勢アクセント（stress accent） …… **56**, 61
協調の原理（cooperative principle）
………………………………………… **183**, 184

く

句構造規則（phrase-structure rules）
………………………………………… **135**, 136

索引　237

句構造標識（phrase marker）
　　　　　　　　　　　　　　　137
唇（lips）　　　　　　　　　　**40**, 41
屈折接辞（inflectional affix）　　**111**
グライス（Herbert Paul Grice）
　　　　　　　183, **184**, **185**, 186, 196
『クラチュロス』（"Cratylus"）　　**3**
グランド（ground）　　　　　　**213**
クリック（click）　　　　　　　**37**
グレイディエンス（gradience）　　**204**

け

形態（morph）　　　　　　　**102**, 112
形態素（morpheme）　16, 17, **99**, 102, 103
系列関係（paradigmatic relations）　**18**
ゲシュタルト（gestalt）　　　**218**, 219
結束性（cohesion）　　　　　**173**, 174
『言語』（"Language"）　　　　**116**
言語運用（linguistic/language performance）
　　　　　　　　　　　　　140, 141
言語学戦争（Linguistics Wars）　　**212**
言語獲得装置（language acquisition device）
　　　　　　　　　138, 140, 141, 149
言語決定論（linguistic determinism）　**191**
言語習得（language acquisition）　**55**, 149
言語相対論（linguistic relativity/relativism）
　　　　　　　　　　　　　191, 192
『言語と行為』（"How to Do Things with Words"）　　　　　　　**179**, 196
言語能力（linguistic/language competence）
　　　　　　　　　　　　　22, **140**, 141
言語の生産性（productivity in language）
　　　　　　　　　　　　　15, 16, 18
言語の生得性（生得仮説）（the innateness hypothesis）　　　　　　**140**, 141
言語の創造性（linguistic creativity）　**141**
言語の二面性　　　　　　　　**13**

こ

語彙的形態素（lexical morpheme）
　　　　　　　　　　　99, **100**, 101, 111
語彙目録（lexicon）　　　　　　**142**
口蓋化（palatalization）　　　　52, **75**
口蓋垂（uvula）　　　　　　**40**, 41, 43
口蓋垂音（uvular）　　　　　　40, **43**
口蓋垂鼻音（uvular nasal）　　**47**, 82
口蓋帆（velum palatinum）　　**36**, 47
口腔（oral cavity）　　　　　**36**, 38, 40
硬口蓋（hard palate）
　　　　　　　40, 41, 42, 50, 51, 74, 75
硬口蓋音（palatal）　　　　　**40**, 42
硬口蓋化（palatalization）　　　52, **75**
硬口蓋鼻音（palatal nasal）　　**47**, 82
硬口蓋摩擦音（palatal fricative）　**45**, 75
合成語（complex word）　　　　**107**
構造主義言語学（structural linguistics）
　　　　　5, **6**, **7**, 30, 116, 125, 133, 134, 154
拘束形態素（bound morpheme）
　　　　　　　　　　　101, 104, 107, 111

後置詞句(postpositional phrase) ……… **135**
高低アクセント(pitch accent)
　　……………………………**56**, **57**, **58**, 61
後天説………………………………………149
喉頭(larynx)………………………………**36**
(会話の)行動指針(conversational
　　maxims)……………………………**184**, 185
行動主義心理学(behavioristic psychology)
　　………………………………**116**, 133, **149**
勾配(gradience)………………………… **204**
後部歯茎音(postalveolar)……………………43
高母音(high vowel)………… **50**, 51, 91, 92
語幹(stem)……………………………**110**, 111
語基(root)………………………………**104**, 107
呼気音(egressive)…………………………**37**
語義的特徴……………………………**156**, 157
国際音声記号(International Phonetic
　　Alphabet)…………………………**36**, 41
語構成……………………………………**104**, 105
語尾(ending/conjugational suffix)
　　……………………………………**110**, **111**
個別文法(grammar of a particular
　　language)……………………**138**, **140**, 141
コペンハーゲン学派(Copenhagen school
　　of linguistics)………………………………**7**
語用論(pragmatics)……… 168, **172**, **179**, 196
コンテクスト(context)………**172**, 176, 177

さ

サール(John Rogers Searle)………… **181**, 196

最小対(minimal pair)……………………**77**
サピア(Edward Sapir)……………**7**, 116, **191**
サピア・ウォーフの仮説(Sapir-Whorf
　　Hypothesis)……………………… **191**, 193
参照点(reference point)……………**217**, 223
参照点能力(reference-point ability)
　　……………………………………**217**, 223
サンスクリット語(Sanskrit)……… **4**, 5, 30

し

地(ground)………………………**213**, 214, 215
恣意性(arbitrariness)………………… 3, **12**, 13
子音(consonant)………………… 38, **39**, **40**, 49
子音語幹動詞(consonant-stem verbs)
　　……………………………………**113**, 121
子音動詞(consonant-stem verbs)……… **113**
歯音(dental)…………………………………43
歯茎(alveolar ridge)………………**40**, 41, 42
歯茎音(alveolar)……………………**40**, **41**, 72
歯茎硬口蓋…………………………………**40**, 42
歯茎硬口蓋音(alveolo-palatal)
　　………………………………**40**, **42**, 75, 82
歯茎硬口蓋破擦音(alveolo-palatal
　　affricate)…………………………… **46**, 84
歯茎硬口蓋摩擦音(alveolo-palatal
　　fricative)…………………………… **45**, 74
歯茎側面接近音(alveolar lateral
　　approximant)………………… **47**, 48, 84
歯茎破擦音(alveolar affricate)……… **46**, 84
歯茎破裂音(alveolar plosive)………………**44**

索引

歯茎鼻音（alveolar nasal）............ **47**, 71, 72
歯茎ふるえ音（alveolar trill）...............84
歯茎摩擦音（alveolar fricative）.... **45**, 74, 84
思考・指示（thought or reference）
　.. **187**, 188
指示物（referent）...................... **187**, 188
舌打ち音（click）...................................**37**
質（の行動指針）（maxim of quality）
　.. **184**, 185
視点的反義関係... **160**
シナリオ（scenario）......................... **210**
シニフィアン（signifiant〔仏〕）
　.. **10**, 11, 12, 187
シニフィエ（signifié〔仏〕）... **10**, 11, 12, 187
シネクドキー（synecdoche）........ 222, **224**
シミリ（simile）............................... **225**
社会的ストラテジー（social strategies）
　... **221**
社会文化能力（sociocultural competence）
　... 22, **25**, 26
自由異音（free allophone）....... 81, 82, **83**, 84
自由形態素（free morpheme）
　.. **101**, 104, 107
従属節（subordinate clause）.......................214
自由変異（free variation）............. 82, **83**
周辺的成員（peripheral member）......... **204**
樹形図（tree diagram）
　............... **126**, **127**, 128, 130, 131, 132, 137
主節（main clause）..................................214
上位概念（broader concept）......... **224**, **225**

上位語（hypernym）..................... **162**, 163
情意的ストラテジー（affective strategies）
　... **221**
条件異音（conditional allophone）...... **72**, 81
畳語（reduplication）..................... **107**
上昇調（rising pitch）........................61
象徴（symbol）...**12**
ジョーンズ（William Jones）.......... 4, 5, **30**
所記（signifié〔仏〕）.................. **10**, 12
唇歯音（labio-dental）........................43
深層構造（deep structure）
　......................... **141**, 142, 143, 144, 145, 146
シンボル（symbol）...........................**12**

す

図（figure）..............................**213**, 214, 215
スキーマ（schema）.................**201**, 202, 203
スクリプト（script）.................... **201**, **210**
図地反転（figure-ground reversal）......... **213**
ストレスアクセント（stress accent）......**56**

せ

生成意味論（generative semantics）........ **212**
生成文法（generative grammar）
　..................................**138**, 146, 212, 229
声帯（vocal cords）................... **36**, 38, 39, 91
声調（tone）............................... 56, **60**
声調言語（tone language）............................61

生得説（生得仮説）（innateness hypothesis）
....149
成分分析（componential analysis）.........154
声門（glottis）.................................**36**, 40, 43
声門音（glottal）..................................40, **43**
声門破裂音（glottal plosive）.........38, **44**, 45
声門閉鎖音（glottal stop）...............38, 45
声門摩擦音（glottal fricative）
....38, **45**, 75, 84
接近音（approximant）.................44, **48**, 82
接辞（affix）................**104**, 107, 111, 114
舌唇音（linguo-labial）.........................**79**
接続形..112
接中辞（infix）.................**104**, 105, 106
接頭辞（prefix）................................**104**
接尾辞（suffix）.................................**104**
狭母音（close vowel）....................**51**, 76
前景化..214
線条性（linearity）.............................**9**, **10**
前提（presupposition）......168, **170**, 171
前提的特徴...**156**, 157

そ

挿入辞（infix）....................................**105**
相補的反義関係................................**161**
相補分布（complementary distribution）..**72**
促音............................78, 82, 94, 121
促音便化..**92**, 94
祖語（parent language）...................**5**, 21

ソシュール（Ferdinand de Saussure）
.....3, **5**, 6, **7**, 9, 10, 11, 12, 13, 15, 16, 18, 19,
30, 134, 141, 187, 188, 196
そり舌音（retro flex）...........................43
そり舌接近音（retro flex approximant）
....**47**, 48

た

対義語（antonym）...............................**159**
対極的反義関係................................**160**
体制化（organization）........**218**, 219, 220
第二言語習得理論（theory of second
language acquisition）....................221
タガログ語..105
脱落...................................**108**, 121
タラ形..112
タリ形..112
単純語（simple word）........................**107**
談話（discourse）..........24, **172**, 173, 196
談話能力（discourse competence）
....22, **23**, 24

ち

知識構造（knowledge structure）
.................................**201**, 202, 207, 210
中母音（mid vowel）...............................**50**
調音音声学（articulatory phonetics）.........**35**
調音器官（articulatory organs）..............**40**
調音点（places of articulation）........**40**, 44
調音法（manners of articulation）......**40**, 44

聴覚映像(image acoustique〔仏〕) ……10
聴覚音声学(auditory phonetics) ……**35**
超分節素(suprasegmentals) ……**56**
直接構成素分析(immediate constituent analysis) ……**126**, 130, 131
直接ストラテジー(direct strategies) ‥ **221**
直喩(simile) …… **225**
チョムスキー(Avram Noam Chomsky)
……6, 8, 30, 132, **134**, 135, 136, 137, **138**, **139**, 140, 141, 142, 143, 146, 149, 212, 229

つ

通時言語学(diachronic linguistics) ……**6**
通時態(diachrony) ……**6**

て

低母音(low vowel) …… **50**, 51
提喩(synecdoche) …… 222, **224**
テ形 ……112
デッド・メタファー(dead metaphor)
……226
転音 …… 108
添加 …… **108**, 109

と

同音異義語(homonym) ……58
同化現象(assimilation) …… **71**, 75
同義関係(synonymy) …… 158
同義語(synonym) …… 158
同義文 …… **131**, 143

統合関係(syntagmatic relations) …… **18**, 19
統合性(coherence) ……**173**, **174**, 175
統合的関係(syntagmatic relations) ……**18**
統語的関係(syntagmatic relations) ……**18**
統語的特徴 …… **156**
統語論(syntax) …… **125**
トゥルベツコイ(Nikolay Sergeevich Trubetskoy) …… **117**
トーン(tone) ……**60**
特殊音素 …… **78**, 90, 121
トラジェクター(trajector)
……**216**, 217, 223, 224

な

中高型 ……**58**
軟口蓋(soft palate) ……**40**, 41, 42, 50, 75
軟口蓋音(velar) …… **40**, **42**, 72
軟口蓋破裂音(velar plosive) …… **44**, 83
軟口蓋鼻音(velar nasal) …… **47**, 71, 72, 83
軟口蓋摩擦音(velar fricative) ……84

に

二重分節性(double articulation) …… **16**, 17
認知言語学(cognitive linguistics)
……6, 8, **201**, 209, 212, 216, 222, 229
認知作用(cognition)
…… 201, 203, **213**, 218, 219
認知心理学(cognitive psychology)
…… 201, 213

認知ストラテジー（cognitive strategies）
　　　　　　　　　　　　　　　　　221

ね
ネットワーク（network） 205

の
能記（signifiant〔仏〕） **10**, 11, 12

は
歯（teeth） **40**
パーニニ（Pāṇini） **3**, **4**
背景化 **213**, 214
排反関係 **161**
バ形 112
破擦音（affricate） **44**, **46**
はじき音（flap） **44**, **47**, **48**, 84
派生語（derivative） **107**
派生接辞（derivational affix） **114**
『八巻の書』("Eight Chapters") **3**, **4**
撥音 73, 78, 82, 86, 94, 121
発語行為（locutionary act） **179**, 180, 181
発語内行為（illocutionary act）
　　　　　　　　　　　　　　179, 180, 181
発語媒介行為（perlocutionary act）
　　　　　　　　　　　　　　179, 180, 181
発声器官（vocal organs） **36**
発話（utterance）
　　　　　176, 177, 179, 180, 181, 196, 216
発話行為（speech act） **179**, 181, 183

話し手の意図（speaker's intention）
　　　　　　　　　　　　　　176, 177, 181
破裂音（plosive） **44**, 46
パロール（parole〔仏〕） **13**, **14**, **15**, 141
反意関係（antonymy） **159**
反義関係（antonymy） 158, **159**
反義語（antonym） **159**
範例的関係（paradigmatic relations） **18**
範列関係（paradigmatic relations） **18**

ひ
鼻音（nasal） 44, **47**, 71
鼻音化（nasalization） 52, **82**, 84
比較言語学（comparative linguistics） **5**, 30
非過去形 112
鼻腔（nasal cavity） **36**, 38, 40
左枝分かれ図（left branching） **131**
ピッチアクセント（pitch accent） **57**
鼻母音（nasal vowel） **82**
百科事典的知識（encyclopedic knowledge）
　　　　　　　　　　　　　　　　　207
比喩表現（figure of speech） **222**
標準理論（standard theory） **146**, 229
表層構造（surface structure）
　　　　　　　　　141, 143, 144, 145, 146
非両立関係（incompatibility） **163**
広母音（open vowel） **51**
拼音（pinyin） **60**
品詞的特徴 **156**

ふ

フィギュア（figure） ……………………… **213**
フィルモア（Charles J. Fillmore）
　……………… 196, **201**, **209**, 212, 229
不規則動詞（irregular verb） ……………… **113**
複合語（compound word） ………………… **107**
普通名詞（common noun） ………… 202, 203
普遍文法（universal grammar）
　………………………… 134, **138**, **140**, 141
プラーグ学派（Prague school of linguistics）
　………………………………………… **7**, 117
プラトン（Platōn） ……………………… **3**, 4
プラハ学派（Prague school of linguistics）
　………………………………………………… **7**
ブルームフィールド（Leonard Bloomfield）
　………………………… **7**, **101**, **116**, 126
フレーム（frame） …… 201, **207**, 208, 209, 210
プロトタイプ（prototype）
　………………… 118, **203**, 204, 205, 206
プロファイル（profile） …………… **215**, 216
プロミネンス（prominence） ……………… **57**
文化的特徴 ……………………………… **156**, 157
文強勢（sentence stress） ………………… **57**
文献学（philology） ………………………… **4**
分節音（segment） ………………………… **56**
文体的特徴 ……………………………… **156**, 157
文法的形態素（grammatical morpheme）
　…………………… 99, **100**, 101, 111, 121
文法的特徴 ………………………………… **156**

『文法の構造』（"Syntactic Structures"）
　………………………………………… 139, 212
フンボルト（Karl Wilhelm von Humboldt）
　…………………………………………… **191**

へ

閉音節（closed syllable） ………… 64, **94**, 121
閉音節化 …………………………………… **94**
閉鎖音（stop） …………………………… **44**
平調（level pitch） ………………………… **61**
平板型 ……………………………………… **58**
ベース（base） …………………… **215**, 216
変形規則（transformational rules）
　…………………… **141**, 143, 144, 145, 146
変形生成文法（transformational-generative
　grammar） … 6, 30, **134**, **138**, 139, 141, 142,
　143, **146**, 212, 229
弁別的素性（distinctive feature） ……… **155**

ほ

ボアズ（Franz Boas） …………… 7, 116, **191**
母音（vowel）
　……………… 38, **39**, 40, **50**, 51, 82, 91, 92, 94
母音語幹動詞（vowel-stem verbs） ……… **113**
母音動詞（vowel-stem verbs） …………… **113**
包摂関係（hyponymy）
　……………………… 158, **162**, 163, 222, **224**
方略能力（strategic competence）
　……………………………………… 22, **24**, 25

補償ストラテジー（compensation strategies）
.... **221**
補助記号（diacritics）................**52**
本来的特徴 **156**, 157

ま

前舌高母音（high front vowel）......... **50**, 51
前舌中母音（mid front vowel）...............**50**
前舌母音（front vowel）......................**50**
摩擦音（fricative）............ 44, **45**, 46, 82, 84
マルティネ（André Martinet）.......... **16**, 17
万葉仮名................................**64**

み

右枝分かれ図（right branching）.......... **131**
ミニマル・ペア（minimal pair）....... **77**, 78

む

無声音（voiceless）..................... **38**, 39
無声化（devoicing）........ 52, 84, **91**, 92, 94
無標（unmarked）........................ **117**, 118

め

命題（proposition）.... 168, **170**, 171, 173, 174
命令形.................................112
メタ認知ストラテジー（metacognitive strategies）........................... **221**
メタファー（metaphor）.................. **222**
メトニミー（metonymy）............ 222, **223**

や

ヤコブソン（Roman Osipovich Jakobson）
.... **117**

ゆ

有気（aspirated）........................52
有気音（aspirated）....................**83**
有声音（voiced）.............. 38, 39, 50
有標（marked）.....................**117**, 118
有標理論（markedness theory）...........**117**

よ

様式（の行動指針）（maxim of manners）
.... **184**, 186

ら

ラネカー（Ronald W. Langacker）
.... 196, **201**, 212, **215**, 216, 229
ラング（langue〔仏〕）.........**13**, 14, 15, 141
ランドマーク（landmark）
.... **216**, 217, 223, 224

り

リチャーズ（Ivor Armstrong Richards）
.... **187**, 188
流音（liquid）...........................43
量（の行動指針）（maxim of quantity）
.... **184**, 185
両義文.................... 127, 132, **145**, 146
両極的反義関係...........................**160**

索引

両唇音（bilabial）……………… 40, **41**, 72
両唇破裂音（bilabial plosive）………… **44**, 83
両唇鼻音（bilabial nasal）……………… **47**, 71, 72
両唇摩擦音（bilabial fricative）
　………………………………… **45**, 75, 76, 83
臨界期仮説（critical period hypothesis）
　………………………………………………**55**
隣接関係（contiguity）……………… 222, **223**

る

類義語（synonym）………………………… **158**
類似性（similarity）…………………………… **222**
ルネッサンス（Renaissance）………………**4**

れ

レイコフ（George P. Lakoff）
　………………… 196, **201**, 212, 226, 229
連語（collocation）……………**165**, 166, 167
連合関係（paradigmatic relations）…… **18**, 19
連辞関係（syntagmatic relations）……………**18**
連声…………………………………………… **109**
連続的反義関係………………………………… **159**
連濁…………………………………………… **108**
連用形………………………………………112

ろ

ロンドン学派（London school of linguistics）
　………………………………………………**7**

A

ASTP（Army Specialized Training Program）
　……………………………………………**133**

I

IC分析（Immediate Constituent Analysis）
　…………………………**126**, 128, 131, 132
IPA（International Phonetic Alphabet）
　………………………………… **36**, 40, 41

U

um動詞……………………………………105

著者
原沢伊都夫（はらさわ　いつお）
静岡大学名誉教授
専門は日本語教育（文法、言語学、異文化理解）
著書に『考えて、解いて、学ぶ　日本語教育の文法』（スリーエーネットワーク）、『日本人のための日本語文法入門』（講談社）、『異文化理解入門』（研究社）などがある。
ホームページは、https://nihongo-kyoiku.com（「原沢研究室」で検索）

1954 年	山梨県甲府市生まれ
1977 年	明治大学文学部文学科卒業（英米文学専攻）
1984 年	オーストラリア国立大学グラジュエイト・ディプロマ課程（応用言語学）修了
1986 年	オーストラリア国立大学修士課程（日本語応用言語学）修了
1991 年	富士フェニックス短期大学英語英米文学科講師
2000 年	静岡大学留学生センター教授、その後、国際交流センター教授、国際連携推進機構教授を歴任
2020 年	静岡大学を定年退職、フリーの立場で教育活動に従事する

趣味はテニス、スキー、伊豆の海でのシュノーケリング、ガーデニングなど。

イラスト
内山洋見（口腔図・声帯図）
合同会社マンガスペース　酒井悠希

装丁・本文デザイン
山田武

日本語教師のための入門言語学 ―演習と解説―

2016 年 10 月 9 日　初版第 1 刷発行
2025 年 1 月 22 日　第 8 刷発行

著　者　　原沢伊都夫
発行者　　藤嵜政子
発　行　　株式会社スリーエーネットワーク
　　　　　〒102-0083　東京都千代田区麹町 3 丁目 4 番
　　　　　　　　　　　トラスティ麹町ビル 2F
　　　　　電話　営業　03（5275）2722
　　　　　　　　編集　03（5275）2725
　　　　　https://www.3anet.co.jp/
印　刷　　倉敷印刷株式会社

ISBN978-4-88319-739-2 C0081

落丁・乱丁本はお取替えいたします。
本書の全部または一部を無断で複写複製（コピー）することは著作権法上での例外を除き、禁じられています。

日本語教師のための入門言語学
－演習と解説－

《解答と解説》

第1章　言語学のはじまり

＜やってみよう1＞

(1)　d. プラトン

　プラトンは紀元前5～4世紀に対話集の中で言語についての記述を残しています。「a. ジョーンズ」は18世紀末にサンスクリット語を研究し、古典ギリシャ語とラテン語との類似点を指摘した人物です。「b. パーニニ」は古代サンスクリット語の文法をまとめた『八巻の書』を書いた人で、プラトンと並ぶ最古の言語研究者ですが、ヨーロッパ人ではありません。「c. アリストテレス」はプラトンの研究を受け継いだ弟子になります。

(2)　c. 文献学

　ルネッサンスの文芸復興の運動によってギリシャ・ローマの古典が再評価されて多くの文献が読まれ、民族や文化について歴史的研究が行われました。そのような研究を文献学と呼びます。「a. 規範文法」は正しいとされる言葉の用法を教えるための文法を意味します。「b. 伝統文法」は昔から研究され引き継がれてきた文法論のことを言います。「d. 比較言語学」は2つ以上の言語を比較して、それらの歴史的関係や共通の祖語などを探る言語学です。「c. 文献学」がもっともルネッサンスと関係が深い研究分野だと言えます。

(3)　b. サンスクリット語

　ジョーンズがサンスクリット語を研究し、古典ギリシャ語とラテン語との類似点を指摘したことがきっかけとなり、比較言語学が誕生しました。「a. 英語」は比較言語学の誕生とは直接関係がなく、「c. ギリシャ語」と「d. ラテン語」はサンスクリット語と関係のある言語としてジョーンズに引用されたものです。比較言語学の誕生ともっとも関係が深い言語という意味ではサンスクリット語になります。

(4)　c. 比較言語学

　18世紀末にジョーンズによって指摘されたサンスクリット語と、古典ギリシャ語とラテン語との関係性を検証することで、比較言語学が誕生しました。その後、19世紀になると、言語間の関係性を証明する音韻対応の分析方法が確立され、比較言語学は大発展を遂げることになります。「a. 構造主義言語学」はソシュール以降の20世紀前半に、「b. 変形生成文法」はチョムスキーが登場した20世紀後半に発展しました。「d. 音声学」は音声を研究する言語学の一分野で19世紀末から研究が進みました。

(5)　c. ソシュール

　19世紀に発展した比較言語学は言語の歴史的な研究に偏っていたため、言語そのものの研究の必要性を説いたのがソシュールです。言語学の基礎を築いたという意味で「近代言語学の父」と呼ばれます。「a. チョムスキー」は生成文法の創始者で現代言語学の発展に寄与した人物、「b. プラトン」は古代ギリシャの哲学者です。「d. サピア」はアメリカ記述言語学の研究者で、「サピア・ウォーフの仮説」（→本冊 p.191）で有名です。

(6)　a. チョムスキー

　チョムスキーの出現によって、言語の記述的研究から言語の生成への研究へと、大きなパラダイム転換が起こりました。チョムスキーによって人間の認知の研究が飛躍的に発展したと言えます。「b. ジョーンズ」は18世紀の末にサンスクリット語の研究を行った法律家、「c. ソシュール」は19世紀後半から20世紀初頭の言語学者で、言語学の研究基盤を築いた人物です。「d. ボアズ」は文化人類学者で、アメリカ記述言語学の創始者と言われ、18世紀後半から19世紀前半にかけて活躍した人物です。

＜やってみよう２＞

(1)　h. 通時態と共時態

　ソシュールは、言語には時間の流れに沿って変化する体系と、ある一定の期間に存在する体系との２つの側面があることを指摘しました。これが、通時態と共時態です。これらの区別を明確化したことで、言語の構造を研究する共時言語学が発展することになりました。

(2)　g. ラングとパロール

　ラングは、ある言語社会の成員が共有する音声・語彙・文法の規則の総体であり、パロールは、言語が具体的に個人によって使用された実体です。パロールは個人や状況によって異なり、省略、言い間違いなども含まれるため、ソシュールは言語学の研究はラングを対象とすべきであると主張しました。

(3)　a. 統合関係と連合関係

　統合関係は、主語-目的語-述語や修飾語-被修飾語などの文法的関係であり、連合関係は、語の入れ替えが可能な語彙的な関係になります。

(4)　c. 言語の記号性

　ソシュールは、言葉は表すもの（音声や文字）と表されるもの（意味）が一体化された記号であり、これらの記号が一定の決まりによって体系化されたものが言語であるとしました。

(5)　e. 言語記号の恣意性

　ソシュールは、言語記号としてのシニフィアンとシニフィエの結びつきは、自然にできた結びつきではなく、その言語を話す人間が定めた恣意的なものであるとしました。

(6)　f. 言語の二重分節性

　マルティネは、文は意味をもつ形態素という単位に分割され、形態素はさらに音素という単位に分かれるとしました。形態素のレベルを第一次分節、音素のレベルを第二次分節と呼びます。

(7)　b. 言語の線条性

　会話における言語の伝達手段は音声です。一瞬で理解できる文字とは異なり、音声は時間の流れの中で初めて理解されるとし、ソシュールはこのような特徴を言語の線条性と呼びました。

＜やってみよう３＞

(1)　④社会文化能力

　日本では否定の返事をはっきりと言わないことで「断り」の気持ちを表すことがあります。このような社会的習慣を理解するには、社会文化能力が必要とされます。

(2)　①言語能力、または④社会文化能力

　風邪は英語で "sick" と言えるので、英語母語話者は「病気」という表現を使うことがよくありますが、日本語では風邪程度では「病気になった」とは言いません。「具合が悪い」とか「熱がある」、または「風邪を引いた」などと言います。日本語の「病気」は風邪よりも重い疾患に使うのが普通です。したがって、そのような語彙の間違いは言語能力に関係します。また、風邪を「病気」と表現する言語文化の違いとも解釈できますので、その場合は「社会文化能力」と関係が深いと言えます。

(3)　③方略能力

　相手に遠慮して自分の意見を主張できない日本人が多くいます。自分の気持ちを的確に相手に伝えることができないのは、方略能力に欠けることになります。

(4)　②談話能力

　話の流れに沿って適切な発話をする力が、談話能力になります。突然とんちんかんな返答をするのは談話の流れに反することになります。

(5)　①言語能力

　これは平成24年に実際にあった話です。日本人であれば「私を生ん

でくれてありがとう」と「〜てくれる」を入れるはずです。感謝の気持ちを伝える「〜てくれる」が適切に使えないのは言語能力が足りないことになります。

総合問題1

問1

(1)下線部①について

a. ○

ジョーンズが赴任したインドでは数百の言語が日常生活で使われており、そのほとんどがインド・ヨーロッパ語族になります。ヒンディー語はその中で話者がもっとも多い言語です。

b. ×

「言葉と意味」の議論に終止符を打ったのはソシュールの「言語記号の恣意性」です。ジョーンズは、比較言語学発展のきっかけを作りました。

c. ○

比較言語学は歴史をさかのぼって研究する通時言語学に含まれ、ジョーンズの発表が契機となり、大発展を遂げます。

d. ×

比較言語学は複数の言語に共通する祖語の再建を目指すものであり、言語間の差異の研究は「対照言語学」と言います。

(2)下線部②について

a. ○

シニフィアンは記号表現（音声・文字）で、シニフィエは記号内容（意味）です。言葉は両者が合体した言語記号だとソシュールは主張しました。

b. ×

　ソシュールは社会の構成員が共有する言語知識であるラングを研究の対象にすべきだと言いました。パロールは個人の一回一回の言語使用であり、不完全な表現が多いからです。

c. ○

　統合関係は文法的なつながり、連合関係は語彙的なつながりになります。両者の関係によって、様々な文を作ることが可能になります。

d. ○

　19世紀には、通時言語学に分類される比較言語学が発展しましたが、その後ソシュールによって、言語そのものの研究の重要性が指摘され、共時言語学が発展することになります。

(3)下線部③について

a. ×

　イギリスのロンドン学派は、言語の意味を言語行動全体の中で捉えようとする「場面の脈絡」や「プロソディー（アクセントやイントネーション）」の研究が特徴的です。生成文法理論は1950年代にアメリカのチョムスキーによって提唱された文法理論です。

b. ○

　アメリカ構造主義言語学（アメリカ記述言語学）は滅びつつあったアメリカ・インディアン諸語の研究をきっかけに発展しました。

c. ○

　チェコではプラーグ学派が形成されました。言語の機能を重視した研究が特徴的で、特に音韻論の研究が進みました。

d. ×

　デンマークのコペンハーゲン学派は、文法と音韻を合一した言理学を唱えました。場面と韻律論的分析はロンドン学派の特徴です。

問2

a. ○

言語能力は言語を適切に使用する能力です。文法や語彙の知識がこれにあたります。

b. ○

談話能力は相手の発話に的確に答え、会話をつなげていく力のことです。

c. ×

言語学習を管理する能力は、学習ストラテジーと関連する、学習を効果的に行う能力のことです（→本冊 p.221）。方略能力はコミュニケーションを効果的に行うための能力であり、両者は同じ能力を指す言葉ではありません。

d. ○

社会文化能力は社会のルールにしたがって言語を適切に使う能力でもあります。日本人同士でも一般常識の欠如によってコミュニケーションに障害が生じます。一般常識も社会文化の中に含まれます。

第2章　音声学

＜やってみよう４＞

(1)　○

　調音音声学は、言語音がどのように作り出されるかを、音響音声学は物理現象としての音声の性質を、聴覚音声学は音声言語の聴取・認識・理解の側面を研究します。

(2)　○

　国際音声記号（IPA）は、あらゆる言語音を表記するために国際音声学協会が定めた音声記号です。

(3)　×

　ほとんどの音は呼気音で作られますが、吸気音も存在します。日本語にも"hiss"と呼ばれる吸気音が存在します。（→本冊 p.37）

(4)　×

　無声音とは声帯が震えていない音のことを言います。声門が開いて空気が流れていても、声帯が振動しない場合は無声音になります。（→本冊 p.38）

(5)　×

　母音は有声音ですが、子音は有声音と無声音に分かれます。

＜やってみよう５＞

　日本語の音声の特徴を、記号を見て言えるようにしましょう。音声記号の表し方は、有声／無声、調音点、調音法の順番になります。たとえば、例にある[t]は「無声・歯茎・破裂」音という具合です。

	音声	有声／無声	調音点	調音法
①	ɯ	有声	軟口蓋	接近
②	p	無声	両唇	破裂
③	dʑ	有声	歯茎硬口蓋	破擦
④	ŋ	有声	軟口蓋	鼻
⑤	ç	無声	硬口蓋	摩擦

<やってみよう６>

母音の特徴は、高さ（高・中・低）と前後（前舌・後舌）の他に、口の開閉（狭・広）や位置（硬口蓋・軟口蓋）とも関係しています。これらの特徴は第３章の「音韻論」で重要になります。

例	高母音	[i], [ɯ]	④	後舌母音	[ɯ], [o]
①	低母音	[a]	⑤	広母音	[a]
②	中母音	[e], [o]	⑥	狭母音	[i], [ɯ]
③	前舌母音	[i], [e]	⑦	硬口蓋に接近	[i]

<やってみよう７>

実際の発音と異なるひらがな表記に注意してください。たとえば、筆者の名前は「原沢（はらさわ）」ですが、「ハラサー」になることがよくあります。また、筆者の住む静岡も「しずおか」とはっきり発音するよりも、「シゾーカ」となるほうが多いと言えます。以下、可能性のある発音も一緒に示します。

なお、語中の軟口蓋破裂音[g]は軟口蓋鼻音[ŋ]で表してもかまいません。また、ザ行は、ザ・ズ・ゼ・ゾの[z]が語頭では歯茎破擦音[dz]、ジに現れる[ʑ]が語頭では歯茎硬口蓋破擦音[dʑ]になりやすく、さらに、ンは両唇音の前では[m]、軟口蓋音の前では[ŋ]、語末では[ɴ]になります。これらについては第３章「音韻論」で詳しく説明します。

第2章　音声学

	単語	[音声表記]		単語	[音声表記]
①	自分の名前	[harasawa itsɯo] [harasa: itsɯo]	⑨	科学	[kagakɯ] [kaŋakɯ]
②	机	[tsɯkɯe]	⑩	時計	[tokei] [toke:]
③	四国	[ɕikokɯ]	⑪	お姉さん	[one:saɴ]
④	地図	[tɕizɯ]	⑫	冷蔵庫	[reizo:ko] [re:zo:ko]
⑤	お姫様	[oçimesama]	⑬	看板	[kambaɴ]
⑥	震える	[ɸɯrɯerɯ]	⑭	ぐにゃぐにゃ	[gɯɲagɯɲa] [gɯɲaŋɯɲa]
⑦	自慢	[dʑimaɴ] [ʑimaɴ]	⑮	茶色	[tɕairo]
⑧	就職	[ɕɯːɕokɯ]	⑯	よっ、元気？	[joʔ geŋkʲi]

<やってみよう８>

　日本語の４つの高低アクセントのパターンの問題です。特に尾高型と平板型は単語のレベルでは同じパターンですので、その後に助詞などを付けて、音が下がれば尾高型、上がったままであれば平板型となります。

(1)先生　　せ￣ん￣せ￣い　　　　（②中高型）
(2)故郷　　ふ￣る￣さ￣と　　　　（②中高型）
(3)傘　　　か￣さ　　　　　　　　（①頭高型）
(4)毛皮　　け￣が￣わ￣（が）　　（④平板型）
(5)弟　　　お￣と￣う￣と（が）　（③尾高型）

<やってみよう９>

(1)　①
　　疑問文として使われ、生徒に答えが正しくないことを伝えています。

(2) ②
　先生の断りの返事に対して、了解の意味を伝えています。
(3) ③
　まさか通ることはないと思っていた企画が絶賛されて、通ったことに対し、驚きの気持ちを表しています。
(4) ②
　政治家の問題発言について、あいづちとして「そうですか」を使っています。

総合問題2

問1　a. 古事記
　「a. 古事記」は712年に成立し、漢字を活用して天皇統治の由来と王権による国家発展の歴史を描いています。「b. 日本書紀」は720年に成立した歴史書で、神代から持統天皇までの歴史を記述しています。「c. 万葉集」は8世紀末頃に編纂された歌集です。「d. 魏志倭人伝」は3世紀末に中国の歴史書『三国志』の中で当時の日本の様子を書いたものです。

問2　a. 結婚
　最後の音が子音になるのは、結婚[kekkoɴ]だけで、その他の単語は、学校[gakko:]、約束[jakɯsokɯ]、まんじゅう[maɲdʑɯ:]となり、母音（または長母音）で終わっています。

問3　d. 漢字の白[pak]は日本語では「ぱく[pakɯ]」や「はく[hakɯ]」と発音されるようになった。
　すべての記述は正しいものですが、閉音節を開音節にした例としてはd. が一番適当になります。白を中国語読みである[pak]ではなく、[ɯ]を添えて、[pakɯ]と読んだわけです。その後、唇音退化（p → h）によって[hakɯ]とも読まれるようになりました。

問4　c. 平安時代

　大和時代に漢字が伝わり、奈良時代に万葉仮名が生まれ、平安時代にひらがなとカタカナが成立しました。

問5　a. 漢字仮名交じり文

　「b. 漢字ひらがなカタカナ文」という用語はありません。「c. 漢文訓読文」は漢文に送り仮名や返り点を付け、日本語の語順で読解できるようにした文。「d. 和漢混交文」は、和文と漢文の両方の特色を合わせた文章で、漢語を多く使用する文語文です。『平家物語』の冒頭部分の「祇園精舎の鐘の声」が有名です。

問6　c. カン

　「c. カン」は英語の"can"から来ています。「a. チラシ」は、動詞「散らす」の連用形「散らし」の名詞化から来ています。「b. キノコ」の語源は「木の子」です。「d. バラ」は「いばら」から「い」が抜けたものです。

第3章　音韻論

<やってみよう10>

それぞれの音の前に「ん」が含まれている日本語を見つけることができれば、解答できます。以下は解答例です。

なお、本冊（p.71）の /N/ の音韻規則には、硬口蓋化した[pʲ]、[bʲ]、[mʲ]、[ɾʲ]、[kʲ]、[gʲ]、[ŋʲ]が入っていませんが、実際にはこれらの音も[p]、[b]、[m]、[ɾ]、[k]、[g]、[ŋ]と同じ、同化現象を起こすと考えられます。したがって、神秘[ɕimpʲi]や珍味 [tɕimmʲi]などの例も正しい解答として認めることができます。

また、⑦について、語中のガ行音[g]は鼻音化して[ŋ]になることが多いため、解答例を考えるのは難しいかもしれません。しかし近年、語中のガ行は鼻音化しない人もいるため、ここでは[g]で表してもかまいません。

異音	異音の環境	異音が現れる具体例
両唇鼻音 [m]	[p]の前	①心配（しんぱい）[ɕimpai]、妊婦（にんぷ）[ɲimpɯ]、散歩（さんぽ）[sampo]など
	[m]の前	②さんま[samma]、運命（うんめい）[ɯmmei]、検問（けんもん）[kemmoɴ]など
歯茎鼻音 [n]	[d]の前	③問題（もんだい）[mondai]、感電（かんでん）[kandeɴ]、今度（こんど）[kondo]など
	[ts]の前	④貫通（かんつう）[kantsɯː]、面子（めんつ）[mentsɯ]、心痛（しんつう）[ɕintsɯː]など
	[ɾ]の前	⑤信頼（しんらい）[ɕinɾai]、慣例（かんれい）[kanɾei]、親類（しんるい）[ɕinɾɯi]など
軟口蓋鼻音 [ŋ]	[k]の前	⑥参加（さんか）[saŋka]、文化（ぶんか）[bɯŋka]、参考（さんこう）[saŋkoː]など
	[g]の前	⑦集団下校[ɕɯːdaŋgekoː]、日本銀行[nihoŋgʲiŋkoː]、専門学校[semmoŋgakkoː]など

第3章 音韻論　15

＜やってみよう 11＞

タ行音[ta, tɕi, tsɯ, te, to]をまとめると、以下のようになります。

```
/t/  →  [t]   /  ___ [a], [e], [o]
     →  [tɕ]  /  ___ [i]
     →  [ts]  /  ___ [ɯ]
```

＜やってみよう 12＞

1つの音声だけが異なる単語のペアを探します。以下の解答例では網掛け部分が異なる音声です。特殊音素をもつペア以外は同じ音声数になります。

	ミニマル・ペア		対立する音
①	泣く [nakɯ]	書く [kakɯ]	[n] ⟷ [k]
②	古い [ɸɯrɯi]	ぬるい [nɯrɯi]	[ɸ] ⟷ [n]
③	車 [kɯrɯma]	クルミ [kɯrɯmi]	[a] ⟷ [i]

＜やってみよう 13＞

(1) ○　鼻血：[hanadʑi]（cf. [hanaʑi]）

音素 /z/ は[i]の前では歯茎硬口蓋摩擦音[ʑ]になりますが、強めに発音すると歯茎硬口蓋破擦音[dʑ]になることがあります。[dʑ]と[ʑ]は音素 /z/ に属する異音で、自由異音となります。

(2) ○　決心：[kʰeɕɕiɴ]（cf. [keɕɕiɴ]）

軟口蓋破裂音[k]は語頭などで強めに発音されると、有気音になることがあります。[kʰ]と[k]は音素 /k/ に属する異音で、有気音である[kʰ]は自由異音となります。

(3) ×　7月：[ɕitɕigatsɯ]（cf. [çitɕigatsɯ]）

硬口蓋摩擦音[ç]と歯茎硬口蓋摩擦音[ɕ]の混同は多くの地域で見られる現象です。たとえば、「人（ひと）[çito]」→「しと[ɕito]」や「お日（ひ）

さま[oçisama]」→「おしさま[oçisama]」などの例です。しかし、音声的には、「敷く[çikɯ]」と「引く[çikɯ]」というミニマル・ペアがあるように、異なる音素（/s/ と /h/）に属します。

(4) × 3階：[saŋɲai]（cf. [saŋkai]）

「さんがい」は連濁と呼ばれる現象（さん＋かい→さんがい）ですが（→本冊 p.108）、有声軟口蓋鼻音[ŋ]と無声軟口蓋破裂音[k]は異なる音素（/g/ と /k/）に属するため、[k]は音素 /g/ の自由異音とはなりません。

(5) ○ 古い：[xɯrɯi]（cf. [ɸɯrɯi]）

音素 /h/ は、[ɯ]の前では両唇摩擦音[ɸ]になりますが、[ɯ]の軟口蓋に近いという特徴によって軟口蓋摩擦音[x]になることがあります。両者とも /h/ の異音ですが、軟口蓋摩擦音[x]の出現は不定期であり、自由異音になります。

＜やってみよう14＞

音素表記は音声表記と比べるとローマ字に近く、特殊音素にだけ気をつければ、それほど難しくはありません。なお、正式な発音について、本書は、『NHK 日本語発音アクセント辞典　新版』に従っています。

(1) 私は　学校で　言語学を　勉強しています。

/watasiwa gaQkoRde geNgogakuo beNkyoRsiteimasu/

(2) 私の　夢は　海外で　日本語を　教えることです。

/watasino yumewa kaigaide nihoNgoo osierukotodesu/

(3) 東京で　オリンピックが　開催されます。

/toRkyoRde oriNpiQkuga kaisaisaremasu/

(4) 富士山が　世界文化遺産に　登録されました。

/huzisaNga sekaibuNkaisaNni toRrokusaremasita/

<やってみよう 15>

　無声化の可能性のある母音を確認してから、実際に発音してみましょう。単語によっては無声化の可能性のある母音が複数ありますので、どの母音が無声化されるか、注意してください。②の「来た」の[kʲi]にはアクセント核がありますので、無声化されにくくなります。⑤の「きつつき」では無声化の可能性のある母音が4つ続きますので、第1と第3の母音が無声化されます。

	単語	音声表記		単語	音声表記
①	北	[kʲi̥ta]	④	握手	[aku̥ɕɯ]
②	来た	[kʲita]	⑤	きつつき	[kʲi̥tsɯtsu̥kʲi]
③	山	[jama]	⑥	ふるさと	[ɸɯrɯsato]

総合問題3

問1　a. spy

　音声表記すると、a. spy[ˈspaɪ]、b. ant[ˈænt]、c. man[ˈmæn]、d. six [ˈsɪks]となり、母音で終わる開音節は「a. spy」になります。

問2

(1)　b. [ɕinai]

　b. の[ɕinai]は「市内（しない）」となり、撥音がありません。「親愛（しんあい）」は[ɕiṽai]という表記になります（→本冊 p.82）。その他の音声表記を日本語に直すと、a. 禁止（きんし）、c. 賛否（さんぴ）、d. 参加（さんか）となり、撥音が含まれているのがわかります。

(2)　b. [onna]

　b. の[onna]は女（おんな）であり、促音は含まれません。その他の日本語表記は、a. 嫉妬（しっと）、c. 雑誌（ざっし）、d. 特急（とっきゅう）となり、促音が含まれています。

問3　c. 番組

c. の音声表記は[baŋgɯmʲi]となり、母音の無声化が起きません。その他の例は、a. 鉛筆[empʲi̥tsɯ]、b. 約束[jakɯ̥sokɯ]、d. 常識[dʑoːɕi̥kʲi]となり、無声化が起きる環境があります。

問4　c. 金庫（きんこ）

c.「金庫（きんこ）」[kʲiŋ-ko]は、母音の無声化とは関係なく、もともと2音節です。a. は、[tɕo-kɯ-seɴ]→[tɕok-seɴ]となり、母音の無声化により3音節から2音節になります。b. は、[a-ɕi̥-ka]→[aɕ-ka]となり、母音の無声化によって、3音節から2音節になります。d. は、[ɸɯ-ro-ɕi̥-kʲi]→[ɸɯ-roɕ-kʲi]となり、4音節から3音節になります。

問5　d. 救急車

「救急車」では、母音の無声化は起こりませんが、それ以外は無声化による促音便化が起こりえます。

a. 旅客機[ɾjokakɯ̥kʲi]→[ɾjokakkʲi]

b. 水族館[sɯizokɯ̥kaɴ]→[sɯizokkaɴ]

c. 三角形[saŋkakɯ̥kei]→[saŋkakkei]

d. 救急車[kjɯːkjɯːɕa]

第4章　形態論

＜やってみよう 16 ＞
(1)新東京国際空港で　アメリカ人の友人に　会った。
　　/siN-toRkyoR-kokusai-kuRkoR-de　amerika-ziN-no-yuRziN-ni　aQ-ta/
　　　語彙　　語彙　　語彙　　語彙　文法　　語彙　　語彙 文法　語彙　文法　語彙 文法
(2)大学の国際センターで　日本語弁論大会を　開催した。
　　/daigaku-no-kokusai-seNtaR-de　nihoN-go-beNroN-taikai-o　kaisaisi-ta/
　　　語彙　文法　語彙　　語彙　文法　　語彙　語彙　語彙　　語彙 文法　語彙　文法
(3)ある地域の町が　町おこしで　猫祭を　考案した。
　　/aru-tiiki-no-mati-ga　mati-okosi-de　neko-maturi-o　koRaNsi-ta/
　　語彙 語彙 文法 語彙 文法　語彙　語彙 文法 文法　語彙　文法　　語彙　文法

＜やってみよう 17 ＞
(1)新東京国際空港で　アメリカ人の友人に　会った。
　　/siN-toRkyoR-kokusai-kuRkoR-de　amerika-zin-no-yuRziN-ni　aQ-ta/
　　　拘束　　自由　　拘束　　自由　拘束　　自由　　拘束 拘束　自由　拘束　拘束 拘束
(2)大学の国際センターで　日本語弁論大会を　開催した。
　　/daigaku-no-kokusai-seNtaR-de　nihoN-go-beNroN-taikai-o　kaisaisi-ta/
　　　自由　拘束　拘束　自由　拘束　　自由　拘束　自由　　自由　拘束　拘束　拘束
(3)ある地域の町が　町おこしで　猫祭を　考案した。
　　/aru-tiiki-no-mati-ga　mati-okosi-de　neko-maturi-o　koRaNsi-ta/
　　拘束 自由 拘束 自由 拘束　自由　拘束 拘束　自由　自由 拘束　拘束　拘束

＜やってみよう 18＞

(1)酒	「酒」を含む語	/音素表記/
	①酒（さけ）	/sake/
	②酒屋（さかや）	/saka-ya/
	③冷酒（ひやざけ）	/hiya-zake/
	④酒癖（さけぐせ）	/sake-guse/
	{sake}：/sake/, /saka-/, /-zake/, /sake-/	
(2)風	「風」を含む語	/音素表記/
	①風（かぜ）	/kaze/
	②北風（きたかぜ）	/kita-kaze/
	③風上（かざかみ）	/kaza-kami/
	④風当り（かぜあたり）	/kaze-atari/
	{kaze}：/kaze/, /-kaze/, /kaza-/, /kaze-/	

＜やってみよう 19＞

(1)　d. 革靴

「革靴」だけが、「革」+「靴」の合成語になります。それ以外は分解できない1つの形態素から成る単純語です。

(2)　d. 犬小屋

「犬小屋」は「犬+小屋」の複合語です。それ以外は、「聴解+力」「軽+自動車」「未+成年」「異+文化」という派生語です。

(3)　d. 動物園

動物園は「動物+園」という派生語、それ以外は「花+畑」「息+苦しい」「野+山」、「芋+焼酎」という語基と語基から成る複合語です。

(4)　e. 段々

「e.段々」は「物事が順をおって変化するさま」を表し、特に強意の意味はありません。「a.赤々」は「真っ赤なさま」、「b.恐々」は「非常

第4章　形態論

に恐れるさま」、「c. 広々」は「いかにも広く感じられるさま」、「d. 軽々」は「重いものを軽そうに扱うさま」を表し、いずれも語句が繰り返されることで強意の意味が生じています。

<やってみよう20>

(1)　d. 天井
　　a. 灰皿 /hai＋sara/　→　/haizara/（連濁）
　　b. 夏日 /natu＋hi/　→　/natubi/（連濁）
　　c. 豚汁 /toN＋siru/　→　/toNziru/（連濁）
　　d. 天丼 /teN＋doN/　→　/teNdoN/（変化なし）
　　e. 本棚 /hoN＋tana/　→　/hoNdana/（連濁）

(2)　e. 山芋
　　a. 雨音 /ame＋oto/　→　/amaoto/（転音）
　　b. 金具 /kane＋gu/　→　/kanagu/（転音）
　　c. 白樺 /siro＋kaba/　→　/sirakaba/（転音）
　　d. 舟歌 /hune＋uta/　→　/hunauta/（転音）
　　e. 山芋 /yama＋imo/　→　/yamaimo/（変化なし）

(3)　e. 本箱
　　a. 裸足 /hada＋asi/　→　/hadasi/（脱落）
　「裸足」は「肌足（はだあし）」から転じたとされます。
　　b. 河内 /kawa＋uti/　→　/kawati/（脱落）
　　c. 晴海 /haru＋umi/　→　/harumi/（脱落）
　　d. 悪化 /aku＋ka/　→　/akka/（脱落）　→　/aQka/
　　e. 本箱 /hoN＋hako/　→　/hoNbako/（連濁）

(4)　c. 肌着
　　a. 夫婦 /hu＋hu/　→　/huRhu/（添加）
　　b. 真っ青 /ma＋ao/　→　/massao/（添加）　→　/maQsao/

c. 肌着 /hada＋ki/　→　/hadagi/（連濁）
　　　d. 霧雨 /kiri＋ame/　→　/kirisame/（添加）
　　　e. 脂っこい /abura＋koi/　→　/aburakkoi/（添加）　→　/aburaQkoi/
　　　「～こい」は「～濃い」から転じて、その程度・状態がはなはだしいなどの意を表す接尾辞です。「～こい」の例としては、「滑っこい」「粘っこい」「丸っこい」などがあります。
(5)　d. 鼻血
　　　a. 木立ち /ki＋tati/　→　/kodati/（連濁と転音）
　　　b. 手綱 /te＋tuna/　→　/tazuna/（連濁と転音）
　　　c. 雨蛙 /ame＋kaeru/　→　/amagaeru/（連濁と転音）
　　　d. 鼻血 /hana＋ti/　→　/hanazi/（連濁）
　　　e. 金づち /kane＋tuti/　→　/kanazuti/（連濁と転音）

＜やってみよう21＞

(1)　d. 微笑み
　　　a. 温かみ（形容詞「温かい」の名詞化）
　　　b. 甘み（形容詞「甘い」の名詞化）
　　　c. 青み（形容詞「青い」の名詞化）
　　　d. 微笑み（動詞「微笑む」の連用形）
　　　e. 赤み（形容詞「赤い」の名詞化）
(2)　a. しおらしい
　　　この設問における「～らしい」は「典型的」な意味を表す形容詞化接辞です。推量の「～らしい」ではないので、注意してください。
　　　a. しおらしい→「慎み深い」という意味の形容詞です。「塩＋らしい」
　　　　 とも分析できますがその場合は、推量の表現になります。
　　　b. 子どもらしい→「典型的な子ども」という意味（名詞の形容詞化）
　　　c. 田舎らしい→「典型的な田舎」という意味（名詞の形容詞化）

d. 男らしい→「典型的な男」という意味（名詞の形容詞化）
e. 学生らしい→「典型的な学生」という意味（名詞の形容詞化）
(3) 　c. あせる
　a. パニクる（名詞「パニック」の動詞化）
　b. 皮肉る（名詞「皮肉」の動詞化）
　c. あせる（「焦る」または「褪せる」はもともと動詞）
　d. メモる（名詞「メモ」の動詞化）
　e. コピる（名詞「コピー」の動詞化）
(4) 　b. 染まる
　a. 広まる（形容詞「広い」の動詞化）
　b. 染まる（もともと動詞）
　c. 深まる（形容詞「深い」の動詞化）
　d. 弱まる（形容詞「弱い」の動詞化）
　e. 高まる（形容詞「高い」の動詞化）

<やってみよう 22 >

　無標と有標の対立は、より一般的に出現するほうが無標、特別なほうが有標となります。有標は基本的にマークされますので、マークされた形態素を下線で示します。
(1) 　a. 戦闘員 – 非戦闘員
　「A と non-A」という関係では、「戦闘員」に対し、否定を表す「非」を付けた「非戦闘員」が有標になり、「戦闘に参加する人／参加しない人」という意味で、有標関係が成り立ちます。「b. 出席 – 欠席」と「d. 肯定 – 否定」は相反する意味で対立する反義関係ですが、「A」と「A に否定を加えた形」の有標、無標の関係にはありません。「c. 経済 – 不経済」は商業活動一般を指す概念語と無駄が多いという意味の語になり、対立する関係にはありません。

(2) d. 山－山々

「A」と「Aの複数形」の例では「d. 山－山々」がもっとも適当になります。日本語には英語のような単数形と複数形は存在しませんが、通常使われる「山」に対し、複数の山を意味する「山々」は非常態性の表現となります。「a. 林－森」については「森」が「林の複数形」ではないので、答えとしては不適当です。「b. 人間－人類」は両者とも人間の意味ですが、「人類」は他の動物と区別して使われる、生物としての種を示す語です。単数と複数の関係にはありません。「c. 友－友達」は両者とも単数形と複数形で使われ、対立する関係にはありません。

(3) b. 蛇－海蛇

「b. 蛇－海蛇」の関係では、「海蛇」が「海に住む蛇」という意味に限定されている点で、「A」と「限定されたA」の関係に当てはまります。「a. 動物－犬」は包摂関係（一方の語がもう一方の語の概念を含む、または含まれる関係）にありますが、「犬」は「限定されたA」に当てはまる語構成（「海蛇」のように「限定された〈動物〉」）になってはいません。「c. 雄牛－雌牛」は性別によって区別された語で、両者とも対等な関係にあり、どちらかが限定される関係にはありません。「d. アンパン－ジャムパン」もパンの種類として対等な関係であり、どちらかが限定される関係にはありません。

(4) b. 古い－古かった

「b. 古い－古かった」は形容詞の非過去形と過去形の関係であり、「A」と「Aの過去形」の条件を満たします。非過去形は辞書形とも呼ばれ、より一般的な表現であるため、「古い」が無標、「古かった」が有標になります。「a. 寝る－寝ました」の関係では、非過去形の「寝る」に対し、「寝ました」には「ていねい形」と「過去形」の2つの有標的な特徴が加わっています。「寝る」の過去形は「寝た」になります。「c. しよう－した」は「する」の意向形と「する」の過去形という関係です。「d. 見

る－見せた」は、「見る」に対して、「見せる」という異なる動詞の過去形であり、「A」と「Aの過去形」という条件には当てはまりません。

総合問題4

問1　d. 音節は核となる子音に母音が伴ったものである。

音節は、一まとまりに発音される最小の単位で、通常核となる母音があり、その前後に子音を伴います。

問2　c. 明日（あした）

「あした」は母音の無声化によって「し」の母音が聞こえなくなると、実質的に子音が連続するようになることがあります（[aɕita]→[aɕta]）。a. 家族[kazokɯ]では無声化による子音の連続はありません。b. 音楽[oŋgakɯ]は撥音による子音の連続がありますが、母音の無声化によって引き起こされた子音の連続ではありません。d. ゆっくり[jɯkkɯrʲi]にも促音による子音の連続がありますが、無声化による子音の連続ではありません。

問3　c. 五段活用動詞

五段活用動詞の語幹は子音で終わる子音語幹動詞です。「a. 上一段活用動詞」と「b. 下一段活用動詞」は母音語幹動詞、「d. 不規則動詞」はカ行変格活用動詞とサ行変格活用動詞を指します。

問4

(1)　b. 帰る

変化があるのは子音語幹動詞（五段活用動詞）なので、子音語幹動詞を探せば答えがわかります。b. 以外はすべて母音語幹動詞です。

　a. 見る　/mi＋ru/　→　/mi-ru/
　b. 帰る　/kaer＋ru/　→　/kaer-u/
　c. 超える　/koe＋ru/　→　/koe-ru/
　d. 着る　/ki＋ru/　→　/ki-ru/

(2)　c. 聞いた

(1)同様、子音語幹動詞を探してください。c.以外は以下のように、すべて母音語幹動詞です。

　　a. いた /i＋ta/　→　/i-ta/
　　b. 見た /mi＋ta/　→　/mi-ta/
　　c. 聞いた /kik＋ta/　→　/kii-ta/
　　d. 老いた /oi＋ta/　→　/oi-ta/

問5　d. 肉屋

　　a. 小雨 /ko＋ame/　→　/kosame/（添加）
　　b. 眉毛 /mayu＋ke/　→　/mayuge/（連濁）
　　c. 夜桜 /yo＋sakura/　→　/yozakura/（連濁）
　　d. 肉屋 /niku＋ya/　→　/nikuya/（変化なし）

第5章 統語論

<やってみよう23>

(1)太郎君が花子さんと結婚した。

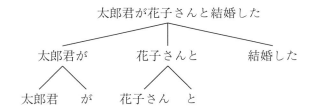

(2)父が古い時計のバンドを修理した（「古い時計」の意味）。

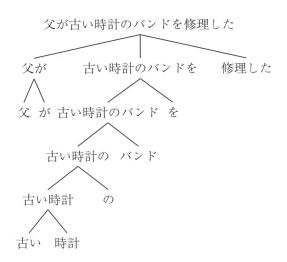

(3) 父が古い時計のバンドを修理した（「古いバンド」の意味）。

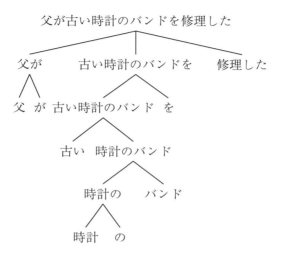

<やってみよう24>

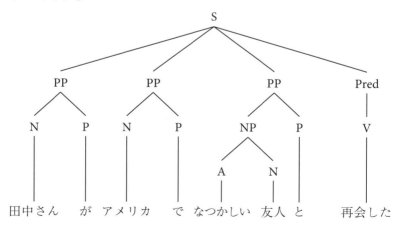

<やってみよう 25 >

(1)　i. 言語獲得装置（普遍文法）

　すべての人間に共通する言語を獲得するための能力のことを「言語獲得装置（普遍文法）」と言います。

(2)　c. 生得性

　人間は生まれながらに備わった言語獲得装置によって、短期間のうちに言語を習得することが可能になります。これを言語の「生得性」と言います。

(3)　b. 個別文法

　言語を獲得するためにどの言語にも対応する普遍文法に対して、日本語や英語や中国語などの個々の言語の文法のことを「個別文法」と言います。

(4)　h. 言語能力

　個別文法を獲得するということは、話し手がその言語を自由に使いこなすための言語知識をもつということになり、このような話者の頭の中に内在する言語知識を「言語能力」と呼びます。

(5)　g. 言語運用

　言語能力によって文を生成し、それを実際の場面で使うことを「言語運用」と呼びます。

(6)　d. 創造性

　言語の運用に際しては、私たちは状況に応じてその場にふさわしい発話をします。この運用では自分がかつて口にしたことのない文や他人が今までに口にするのを聞いたことのないような文の使用も含まれます。このような文の創造的な使用が言語運用の本質とも言えます。

総合問題5

問1　c. 人間の内面を、外部から客観的に観察しうる行動を通して研究する。

　行動主義心理学はアメリカのワトソンが唱えた心理学の方法論で、あらゆる心的現象を、外部から客観的に観察しうる行動を通して研究しようとするものです。したがって、c. が正解になります。a. は社会心理学の内容であり、b. はただ単に心理学を外で行うという意味で、特定の学問分野ではありません。d. は精神医学や精神分析学の研究内容になります。

問2　a. オーディオ・リンガル・メソッド

　「a. オーディオ・リンガル・メソッド」は行動主義心理学と構造主義言語学を理論的背景として成立し、言語の習得は習慣形成によって実現されると考えました。「b. 直接法」は、学習者の母語や媒介語を使わず、原則として目標言語だけで指導する教授法で、ダイレクト・メソッドとも呼ばれます。「c. コミュニカティブ・アプローチ」は、コミュニケーション能力を養成することを目的とした教授法の総称です。「d. ナチュラル・アプローチ」は、クラッシェンの第二言語習得理論に基づいた、自然習得を中心にした意味重視のアプローチです。b～d は行動主義心理学を背景として生まれた教授法ではありません。

問3　d. ラングを研究の対象とすべきだとした。

　「ラングを研究の対象とすべきだ」と主張したのはソシュールです。チョムスキーは「ラング」という用語を使用していません。チョムスキーは「言語能力」の解明が重要であると言いました。

問4　a. 両親の話しかける言葉

　チョムスキーは乳児が受けるインプットが不完全であるにもかかわらず、数年のうちにほぼ完全な言語能力を身につけると主張しました。乳児にとって一番身近な言語は両親からの言葉であり、乳児に話しかける

言葉の内容も乳児の生活にかかわる非常に限定されたものです。
問5　d. 普遍文法
　人間は生まれながらに言語を獲得する能力（言語獲得装置）を身につけており、これはどのような言語に対しても機能するという意味で「d. 普遍文法」とも呼ばれます。「a. 言語運用」は現実の世界で文を使用することで、「b. 個別文法」は言語獲得装置によって話すことができるようになった言語の文法であり、「c. 言語能力」は身につけた言語を使うことができる能力のことを意味します。
問6　c. クラッシェン
　「c. クラッシェン」は5つの仮説から成る「モニター理論」の提唱者で、習得と学習はまったく別であり、言語を身につけるためには習得が重要だと主張しました。「a. ラネカー」は認知文法を提唱した認知言語学の創設者の一人です。「b. セリンカー」は、外国語学習中に学習者の中で形成される言語体系を中間言語と呼びました。「d. トマセーロ」は、アメリカの認知心理学者で、社会的・コミュニケーション的な側面を重視した社会語用論的アプローチが有名です。

第6章　意味論

<やってみよう26>

解答例を示します。

さえずる	(1)文法的特徴	品詞的特徴	自動詞（五段活用動詞）である
	(2)語義的特徴	前提的特徴	「さえずる」の主体は「小鳥」である
		本来的特徴	小鳥がしきりに鳴く
	(3)含蓄的特徴	喚情的特徴	リズミカルで美しい響きと、おしゃべりな様子が感じられる

<やってみよう27>

(1)　×

友美さんが派手であることに驚いており、対立は中和されていません。

(2)　○

娘さんの背は高いかもしれないし、低いかもしれません。その意味で、ここで使われている「背の高さ」は対立が中和されています。

(3)　○

「大きさ」はサイズという意味で使われており、「大きい」という意味で使われているわけではありません。対立が中和されています。

(4)　×

カナダがいかに寒いかを表しており、対立は中和していません。

(5)　×

相手の子どもの頭が良いことを前提に「頭の良さ」が使われており、対立は中和していません。

＜やってみよう 28＞

(1) b. 後悔する－侮る

「後悔する」は悔いることで、「侮る」は相手を見下げて軽んずるという意味です。意味としては同義ではありません。

(2) d. 嬉しい－楽しい

「嬉しい」と「楽しい」は反義関係ではなく、類語的な関係になります。それ以外は、連続性のある反義語として考えることができます。

(3) a. 北－南

「北－南」は、空間的に反対の方向性を示しますが、両極的な反義関係ではありません。

(4) b. 点ける－消す

「点ける－消す」は対照的な動作を表しますが、視点によって「点ける－消す」になるわけではありません。

(5) d. 雨－晴れ

天気は「雨」と「晴れ」だけに分かれるのではなく「曇り」もあります。したがって、「雨」ではないことが「晴れ」を必ずしも意味するわけではありません。また、「晴れ」ではないことが「雨」を意味するものでもありません。

(6) a. 金－財布

物理的に財布の中にお金を入れますが、意味的には「金－財布」は包摂関係にはありません。したがって、「財布」は「金」の上位語ではありません。a. 以外は、「シェパード」は「犬」に、「パン」は「食べ物」に、「夏」は「季節」に、「ウイスキー」は「酒」に含まれます。「酒」には「日本酒」という意味の他にもアルコール飲料の総称という意味もあります。

(7) c. 甘い－辛い

非両立関係はお互いの意味特徴を共有できない関係ですが、味覚を表す形容詞（c.）では、「この料理は甘くて辛い」と言うことができます。

<やってみよう 29 >

目的語となる名詞と動詞の組み合わせが決まっているものです。外国人学習者がよく間違える表現です。

(1)迷惑を（かける）　　　　　(2)弱音を（はく）
(3)いびきを（かく）　　　　　(4)ピアノを（ひく）
(5)写真を（とる）　　　　　　(6)鍵を（かける）
(7)あぐらを（かく）　　　　　(8)シャワーを（あびる）
(9)芝を（かる）　　　　　　　(10)掃除機を（かける）

<やってみよう 30 >

最近では本来の表現とは異なる言い方が目立ちますが、皆さんはいかがでしょうか。

(1)怒り心頭に a. 発する（激しく怒る）
(2) a. 腹に据えかねる（我慢できない思い）
(3) d. 愛嬌を振りまく（周囲の人に明るくふるまう）
(4) d. 言葉を濁す（はっきりと言わない）　ただし、「a. 口を濁す」も辞書に収録されている場合があり、必ずしも誤りとは言えません。
(5)白羽の矢が a. 立つ（多くの人の中から選ばれること）

<やってみよう 31 >

(1)　①前提
「原田さんの息子は中学生ではない」と否定しても、「原田さんに男の子どもがいる」ことには変わりがありません。

(2)　②含意
「山村さんは北海道に引っ越さなかった」と否定すると、「山村さんは北海道に住んでいる」という意味も成立しなくなります。

(3)　①前提
「夕立ちで（も）洗濯物がびしょぬれにならなかった」と否定しても、

「雨が降った」という事実は変わりません。
(4) ②含意
　「中山さんは大学に入学しなかった」と否定にすると、「中山さんは大学生である」という意味は成立しません。
(5) ①前提
　「私は恋人と別れたことを後悔していない」と否定しても「私に恋人がいた」事実は変わりません。

＜やってみよう32＞
(1) ①結束性
　母親の居場所を聞かれ、「台所」と答えています。
(2) ②統合性
　「5分遅刻！」と言う恋人の怒りを察して、「今日は僕がおごります」という文を発しています。
(3) ②統合性
　部屋の空気を入れ換えたいという相手の気持ちを察して、「窓を開けようか」という発話になっています。
(4) ①結束性
　会議の開催日を聞かれ、「来週の水曜日」と答えています。
(5) ②統合性
　警察官がいることを知らせたのは、運転の注意を喚起するメッセージであり、それを理解した聞き手は、「了解。スピードを落とすよ」と答えています。

＜やってみよう33＞
発話が成立するために不可欠な3つの要素の理解度を問う問題です。
(1) ①話し手の意図

(2) ②聞き手の解釈
(3) ③コンテクスト
(4) ③コンテクスト
(5) ①話し手の意図

＜やってみよう34＞

(1) ×

「いらっしゃいませ」は単なる形式的な挨拶であり、客が商品を購入する発語媒介行為は生じません。

(2) ○

警察官の「手を挙げろ」には明らかに威嚇の意味が込められており、犯人に対して、「手を挙げないと銃を撃つぞ」という警告に解釈されます。

(3) ×

近所に住む人に言う「今日はいい天気ですね」は、特に意味をもたない挨拶文であり、この文によって相手が日焼け対策を講じるような、行為は生まれません。

(4) ○

子どもが早く就職するのを願っている両親からすれば、「もう就職は決まったの？」という質問は「早く就職を決めなさい」という命令文になりえます。また、疑問文が命令文として使われているという意味で、間接発話行為になります。

＜やってみよう35＞

(1) ①量の行動指針

「なぜ仕事を辞めたのか」という質問に対する「いろいろとあってね」は情報量が少なすぎます。仕事を辞めた理由を話したくないことを伝えています。

(2) ②質の行動指針

「今日はまた雨だ」に対する「いい天気が続きますね」は、事実とは正反対のことをわざと述べ、皮肉を表現しています。

(3) ③関係の行動指針

「疲れている」というAの発話に対して、その発話とは直接関係のない仕事の話をしています。相手の発話内容を無視することで、仕事をしなさいというメッセージを送っています。

(4) ④様式の行動指針

はっきりしない発話は様式の行動指針に反します。相談内容が言いにくいことであるのが推察されます。

<やってみよう36>

身につけるもの	身につける表現（動詞）	
	日本語	英語
①帽子を	かぶる	wear（put on）
②服を	着る	
③ベルトを	しめる（する）	
④ズボンを	はく	
⑤メガネを	かける	
⑥時計を	する（はめる）	
⑦バッジを	つける	
⑧マフラーを	まく（する）	

総合問題6

問1　d. IC分析

「d. IC分析」は構造主義言語学で盛んに行われた文の構造を表す手段

です。意味論とは直接関係がありません。「a. 同義語」は同じ意味をもつ語であり、「b. 成分分析」は語の意味を弁別的特性で分析する方法、「c. 含意」は文の成立によって生まれる意味で、いずれも本章の意味論の分野の用語です。

問2　a. プラトン

「a. プラトン」は紀元前5〜4世紀のギリシャの哲学者で、言葉と意味の関係を初めて考えました。「b. アリストテレス」はプラトンの弟子で、「c. パスカル」と「d. デカルト」は17世紀を代表するフランスの哲学者です。

問3　a. 猫は「ニャーニャー」と鳴く。

「ニャーニャー」は猫の鳴き声を表した擬声語であり、意味と音との間に本来的で自然な関係があります。b. の「不」という漢字と否定の意味の間には自然な関係は認められません。c. の「人間は悲しいと感じると涙を流す」のは自然なことですが、言葉とは無関係です。d. について「人間は育った環境の言葉を無意識に習得する」のは事実ですが、これは言葉と意味とのつながりとは、関係のない選択肢です。

問4　b. シニフィエ

「b. シニフィエ」は記号内容であり、所記と訳されます。「a. シニフィアン」は記号表現であり、c. の「能記」と同じ意味です。「d. 思考・指示」はリチャーズとオグデンの「意味の三角形」で使われた用語です。

問5　a. 人間が文を作り出すプロセスの研究

チョムスキーは客観的な言語分析ではなく、人間が文を作り出す認知的プロセスの研究に焦点を当てました。b. は語用論の分野であり、c. は構造主義言語学の領域、d. は社会言語学の分野になります。

問6　a. 協調の原理

グライスは「a. 協調の原理」という話者と聞き手の間の暗黙のルールを具体的に理論化しました。「b. 間接発話行為」はオースティンの弟子

であるサールの用語、「c. 発語内行為」と「d. 発語行為」はオースティンの用語になります。

第7章　認知言語学

<やってみよう37>

	事例	スキーマ
〜台	パソコン、冷蔵庫、電子レンジ、テレビ、エアコン、車、バイク、自転車、三輪車など	機械や乗り物（飛行機や船、電車などを除く）の数え方
〜冊	教科書、雑誌、マンガ、本、テキスト、ノート、専門書、洋書、辞書、手帳など	書籍や冊子状の物の数え方

<やってみよう38>

(1) ×

"copy machine" を "coffee machine" に間違えられたのは発音が悪かったためであり、フレームとは関係がありません。

(2) ○

ブドウの食べ方は地元でいつもブドウを食べている人と、産地以外の人では違っています。この違いはブドウのフレームの違いで説明することができます。

(3) ○

炬燵という日本独特の暖房器具は言葉（「足を温める暖房装置」）だけで本当のイメージはわかりません。外国人に教える場合は、炬燵に付随する歴史や文化などのフレームを一緒に教える必要があります。

(4) ×

業種別に管理することは顧客リストをカテゴリー化することになり、スキーマと関係が深いと言えます。

(5) ○
　猿にはバナナが好きというフレームがあり、バナナが好きな太郎は猿のフレームと重なることから、「猿」というあだ名が付いたと思われます。

<やってみよう39＞

(1) ①スキーマ、または②フレーム
　意見交換することはテーマのキーワードの語彙的知識（スキーマ）を補強し、その後の読解の理解に役立ちます。また、語彙的な意味に加え、スキーマに付随する「周辺的な知識」を呼び起こすことも可能です。この場合、フレームの知識が喚起されると言えるでしょう。したがって、この問いは「スキーマ」と「フレーム」ともに正解になります。
(2) ③スクリプト
　ロールプレイの疑似体験は実際の生活でどのように言葉が使われるかを実践する練習となり、スクリプトを強化する働きがあります。
(3) ②フレーム
　言葉に付随する意味はフレームになります。百科事典的知識とも言われます。言葉の語源や文化的背景などはフレームになります。
(4) ①スキーマ
　言葉の意味はプロトタイプを中心に形成されているため、一番中心にある典型的な事例を紹介することは効果的です。
(5) ①スキーマ
　日本語の文型は日本語文の骨組みであり、日本語文の産出には必要不可欠な知識です。その中でも「～は～です」は、日本語の文型の中心に位置するものであり、「～は 名詞 です」をはじめ、「～は 形容詞 です」「～は 動詞 ます」などがあります。さらに、その周辺に「～は ～に 形容詞 です」「～は　～を 動詞 ます」「～は　～と 動詞 ます」などが並び、文型のカテゴリーが伸張していきます。こうして見る

と、日本語の文型の知識は1つのカテゴリーを形成し、その中心に位置する「～は～です」から教えていくことは、学習者の文型のスキーマ構築に貢献します。

<やってみよう40＞

図地反転は、同じ言語事実をどのように見るかによって異なる認識になる例です。したがって、aとbは同じ事実を表している必要があります。この観点から考えると、答えはおのずから見えてきます。

(1) ○

同じ風景を見て、「街灯」と「ベンチ」がそれぞれ「図」または「地」になっています。

(2) ×

aとbは明らかに異なる言語事実です。aは友人が私宛に書いた手紙であり、bは私が友人に宛てて書いた手紙です。

(3) ○

半分のピザを見て、半分あるかないかの判断をしています。

(4) ×

「阪神が巨人に勝つ」と「巨人が阪神に勝つ」は同じ事実ではありません。反対の事実になります。

(5) ○

あなたと兄が似ている事実を、「あなた」を「図」にするか「兄」を「図」にするかによって、異なる表現で表しています。

<やってみよう41＞

(1)あそこの青い服を着た人が山本さんです。

山本さんを見つけるポイントは「青い服」です。

(2)テキストの152ページ、「意味論」の章を開いてください。
　「意味論」の章だけではテキストのどこにあるのか、よくわかりません。ページを知らせることで、聞いた人は容易に「意味論」の章にたどり着くことができます。
(3)薬箱の中からピンク色をした風邪薬を探して飲んだ。
　たくさんある薬の中で「ピンク色」が薬を探す決め手となります。
(4)家庭訪問に来た先生は、表札を見て、生徒の家に入った。
　「表札」の名前を確認することで、生徒の家を特定しています。
(5)教科書の重要な部分にボールペンで赤線を引いた。
　参照点は「ボールペン」ではなく、「赤線」です。「ボールペン」は「赤線」を引くための手段です。

<やってみよう42>

(1)　×
　数式（3＋5＝8）で機械的に生じる答えです。それ以上の意味は生じていません。
(2)　○
　「雨男」は単なる「雨」と「男」の合計ではなく、その男性が行くところはよく雨が降るという新しい意味が生まれています。
(3)　○
　「油を売る」という文字通りの意味ではなく、むだ話をして怠けるという意味が生じています。
(4)　×
　単に2つのH（水素 Hydrogen）と1つのO（酸素 Oxygen）の組み合わせで、水ができることを表すだけで、新たな意味を生み出してはいません。

(5) ○

「○」と「・」が二つと「⌣」が重なって、フェイスマークとなるのはまさにゲシュタルトと言えます。

＜やってみよう 43＞

(1)隠喩（メタファー）－類似性に基づく比喩表現

① ○

背中の痛みの様子を「走る」という動きにたとえて表現しています。

② ×

赤ずきんをかぶっている少女を意味し、隣接関係に基づく換喩（メトニミー）になります。「赤ずきんちゃん」→「赤ずきんをかぶった少女」

③ ○

お姫様の肌の白さを雪にたとえて、名付けられた名前です。

④ ○

彼女が天使のように優しいことを伝えています。

⑤ ×

白いもの（上位語）には、白髪や雪、綿、雲など様々なもの（下位語）が含まれます。上位語である「白いもの」で下位語である「白髪」を意味しているので、提喩（シネクドキー）になります。

(2)換喩（メトニミー）－隣接関係に基づく比喩表現

① ○

「ホワイトハウス」→「ホワイトハウスにいる人（ここではアメリカ大統領官邸の人々）」

② ×

下駄（下位語）ではきもの（上位語）を表していますので、提喩（シネクドキー）になります。

③ ○

「モーツァルト」→「モーツァルトの音楽」

④ ×

パソコンが動かなくなったことを、液体が凍って（フリーズして）流動性がなくなることにたとえています。類似性に基づく隠喩（メタファー）になります。

⑤ ○

「冷蔵庫」→「冷蔵庫のドア」

(3)提喩（シネクドキー）－包摂関係に基づく比喩表現

① ○

ラケット（上位語）には、テニス用、バドミントン用、卓球用など様々なラケットが含まれますが、ここではテニスラケット（下位語）を指しています。

② ×

「黒板」で「黒板に書かれた文字」を意味しています。隣接関係に基づく換喩（メトニミー）になります。

③ ○

エレクトーン（下位語）というあるメーカーの商標名で、電子オルガン（上位語）を意味しています。

④ ×

松下幸之助の経営能力が神様のようであると表現しています。隠喩（メタファー）になります。

⑤ ×

「ピアノ」→「ピアノの音」であり、換喩（メトニミー）になります。

総合問題7

問1　b. 語用論

「b. 語用論」は1960年代にオースティンによって始まり、談話における発話の意味分析が進展しました。「a. 誤用分析」は1960〜1970年代に興った外国語話者の誤用を分類し、誤用の原因を分析する研究です。「c. 生成文法」はチョムスキーによって1950年代に提唱され、言語の生成プロセスの研究を進めました。「d. 対照分析」は1940〜1950年代に興った、ある言語を他の言語と比べて違いを明らかにする研究です。

問2　d. 派生

能動文がもととなり、そこから分かれて生成されることから、「派生」が一番適当な言葉になります。

問3　b. 受動態変形規則

能動文を受動文に変える変形規則ですので、「b. 受動態変形規則」がもっとも適切な規則になります。「a. 使役化規則」は使役文を作る規則です。「c. 句構造規則」は文を作りだす規則で、深層構造においてすでに適応されています。「d. 再帰代名詞化規則」は主語と同一の名詞を「自分」に置き換える規則で、今回の変形プロセスでは使われません。

問4　a. トラジェクター－ランドマーク－トラジェクター－ランドマーク

認知言語学では、「太郎」と「ドア」の関係を「トラジェクター」と「ランドマーク」と捉え、能動文は「太郎」がトラジェクター、ドアがランドマーク、受動文はドアがトラジェクター、太郎がランドマークとして認識されると考えます。「図と地」でも考えることは可能ですが、文章の中に、「もっとも際立つ」「二番目に際立つ」とあることから、「図と地」ではなく、「トラジェクター」と「ランドマーク」の関係が適当になります。

問5　a. 研究の対象を刺激と外から観察できる反応との法則的関係で説明する学問である。

　a. の考えは行動主義心理学の考え方です。それ以外は、すべて認知言語学を説明しています。